KB171219

초보 연구자를 위한

쉽고 확실한 논문 쓰기 전략

신형덕 지음

Σ 시그마프레스

초보 연구자를 위한
쉽고 확실한 논문 쓰기 전략

발행일 | 2021년 3월 25일 1쇄 발행

지은이 | 신형덕
발행인 | 강학경
발행처 | **(주)시그마프레스**
디자인 | 이상화
편　집 | 윤원진

등록번호 | 제10-2642호
주소 | 서울시 영등포구 양평로 22길 21 선유도코오롱디지털타워 A401~402호
전자우편 | sigma@spress.co.kr
홈페이지 | http://www.sigmapress.co.kr
전화 | (02)323-4845, (02)2062-5184~8
팩스 | (02)323-4197

ISBN | 979-11-6226-314-3

- 이 책의 내용은 저작권법에 따라 보호받고 있습니다.
- 잘못 만들어진 책은 바꾸어 드립니다.

* 책값은 뒤표지에 있습니다.

무엇인가를 발견하여 다른 사람에게 알린다는 것은 비단 학자나 탐험가만이 아니라 일반인에게도 큰 기쁨이 아닐 수 없다. 또한 다른 사람이 발견한 특별한 지식을 전수받고 싶은 마음도 많은 사람들이 갖고 있다. 공부를 잘하는 비법, 아이 잘 키우는 비법, 주식투자로 돈을 잘 버는 비법 등에 대한 책이 서점에 넘쳐나는 현상을 보면 알 수 있다.

그런데 주제가 학술 논문으로 바뀌면 이야기는 달라진다. 논문을 쓰는 과정도 어떤 주제에 대해 무엇인가를 발견하여 다른 사람에게 알리는 과정인데, 쓰는 사람도 읽는 사람도 기쁨보다는 어려움을 겪는다. 많은 석사과정과 박사과정 학생들은 학위 논문을 작성하는 것에 큰 부담을 갖고, 이 때문에 많은 학생들은 수료생으로 머무른다. 설익은 학위 논문들은 조악한 구성과 읽기 힘든 문장으로 인해 사람들에게 외면받는다.

더 큰 문제는 이 어려움에 대해 안타까워하기만 하고 그것을 해결할 방법에 대해 막막한 느낌만 갖는다는 것이다. 아마도 그 근본적인 원인은 초등학교나 중고등학교 시절에 교과목 시험에서 높은 점수를 받기 위한 연습만 했을 뿐 독립적으로 특정 주제에 대해 탐구하는 경험을 하지 못했기 때문으로 보인다. 사실 선진국 교육 과정에서는 학생이 주도하는 연구 프로젝트가 많이 포함되어 있어서 본인의 주제에 따라 선행연구를 수집하고 연구모형을 설계해서 발견점을 보고하는 과정에 익숙한데, 우리 학생들은 유감스럽게도 이러한 독립적 탐구역량을 습득할 기회를 갖지 못한다.

본서는 이러한 현실에서 논문 쓰는 방법을 가능한 한 쉽게 이해할 수 있도록 하기 위해 저술되었다. 논문 쓰기에 대해 전혀 모르는 학생도 이 책을 읽어가면서 자연스럽게 익숙해지도록 하는 데 집중했다. 그러므로 주된 독자층도 석사나 박사과정 학생만이 아니라 중고등학교 학생까지 포함할 수 있게 하였다. 특히 청소년 시기에 이 책을 읽고 사회 현상에 대해 과학적인 방법으로 논문을 쓸 기회를 가질 수 있다면 필자는 더 이상 기쁠 수 없을 것이다.

2021년 3월
저자 신형덕

차례

제1장

논문은 리포트가 아니다

전략 1. 논문은 세상을 바꾸지 않는다. 작은 발견점에 집중하라.

전략 2. 돌탑에는 돌만 쌓아야 한다.

전략 3. 선행연구는 지도와 같다.

논문은 리포트와 다르다. 정부 보고서나 신문 사설과도 물론 다르다. 심지어 책을 저술하는 것도 논문을 쓰는 것과는 다르다. 이러한 특성 때문에 논문을 처음 작성하는 많은 사람들이 어려움을 겪는다. 본 장에서는 이러한 **학술 논문**의 독특한 점에 대해 설명하기로 한다.

학술 논문

학술 논문은 학술적 가치가 있는 발견점을 제시하는 논문으로서 넓은 의미에서 학위 논문, 학술지 논문, 편저에 포함된 논문 등을 포함한다. 논문과 동의어로 종종 사용된다. 학술 논문과 유사하지만 학술 논문이 아닌 경우는 보고서, 저서, 리포트, 신문사 기고문 등이 있다.

논문 쓰기는 돌탑 쌓기

논문을 지도하는 사람들은 학술 논문 쓰기를 종종 돌탑 쌓기에 비유한다. 내가 쓰는 논문은 사실 대단한 것이 아니라 이미 쌓여있는 돌탑 위에 단지 하나의 돌을 올려놓는 것이다. 전적으로 맞는 말이다!

논문 쓰기와 돌탑 쌓기의 공통점

선행연구

학술 논문에서 인용하는 이론적 출처를 의미하며 좁은 의미에서는 논문 또는 저서, 넓은 의미에서는 보고서까지 의미한다. 해당 학술 논문에서 제시하는 이론적 내용과 관련이 있는 이전의 연구로서 이를 지칭할 때에는 저자(연도), 예를 들어 '홍길동(2010)'으로 지칭한다. 신문 기사나 연감 등 단순 자료는 선행연구보다는 '출처'로 표현한다.

키 페이퍼(key paper)

키 페이퍼는 가장 중요한 선행연구를 말한다.

그런데 이러한 비유는 여러 의미를 내포한다. 어쩌면 쉽지 않을 수 있는 돌 하나를 올려놓기 위해서는 아랫돌이 어떻게 놓여있는지 살펴보아야 한다. 아랫돌보다 너무 크거나 모양이 맞지 않는 돌을 올려놓을 수는 없다. 또한 맨땅에 놓는 것은 탑을 쌓는다고 하기 힘들다.

내가 놓는 돌 아래에 놓여있는 돌들은 우리가 **선행연구** 또는 참고문헌이라고 부르는 것들이다. 내가 새로운 돌을 하나 놓기 위해서는 여러 돌들이 내 돌을 지탱하고 있어야 한다. 특히 그중에서 내 돌 바로 아래에 놓인 하나 또는 두어 개의 돌들을 **키 페이퍼(key paper)**라고 부른다. 가장 중요한 선행연구라는 의미이다.

꿈과 현실은 같지 않다

많은 사람들이 논문 쓰기에 어려움을 겪는 이유 중 하나는 논문이 하나의 돌에 지나지 않는다는 것을 깨닫지 못하기 때문이다. 논문은 연구자가 세상에 기여하는 중요한 수단이지만, 논문 하나로 세상을 바꾸거나 중요한 교훈을 던지는 일은 극히 드물다. 그런 기적을 기대하면 평생 논문 쓰기 힘들다.

그러나 그 논문들이 모이고 모여서 하나의 돌탑을 형성하면 그 돌탑으로 인해 세상은 분명히 바뀐다. 요약하자면 하나의 논문은 돌 하나만큼 학문적으로 공헌하지만, 그 논문이 세상을 바꾸는 데 실무적으로나 정책적으로 공헌해야 하는 것은 아니다. 하지만 학문적 공헌점만으로도 분명히 인류의 삶에 충분한 의미가 있다. 수많은 논문이 만드는 이러한 공헌점에 대해서는 제10장에서 자세하게 설명할 것이다.

 전략 1.　논문은 세상을 바꾸지 않는다. 작은 발견점에 집중하라.

논문 쓰기 팁

새로운 분야의 개척은 대가의 몫

물론 어떤 특별한 경우에 논문이 엄청난 영향력을 가질 때가 있다. 새로운 분야를 개척하는 학문적 공헌이 큰 논문이나 실무적 또는 정책적으로 엄청난 영향력을 미치는 논문이 간혹 발표된다. 위에서 언급한, 평지 위에 멋지게 던진 하나의 돌은 새로운 분야를 개척하는 위대한 논문이 될 수도 있다. 이 논문은 아주 새로운 이론을 소개하는 논문이기 때문에 직접적인 선행연구가 없고, 이 논문으로 인해 후속 연구가 탄생하게 된다. 대개 새로운 이론을 소개하는 첫 논문이 이러한 경우에 속한다.

그러나 이러한 논문은 해당 분야의 대가들이나 쓸 수 있다는 것을 명심해야 한다. 이러한 대가들은 본인이 설명하고자 하는 새로운 이론과 직접적으로 관련된 적절한 선행연구를 해당 분야에서 찾지 못했기 때문에 어쩔 수 없이 평지에 돌을 던진 것이다. 하지만 그러한 돌들은 충분한 학문적 가치가 있어서 다른 돌을 쌓을 넉넉한 여유가 있다. 처음 논문을 작성하는 초보자들이 첫 논문에서 이러한 학문적 가치를 추구하는 것은 오만이다.

우리는 아인슈타인이 아니다

우리는 돌탑 위에 나의 작은 돌 하나를 제대로 올려놓는 것에 집중해야 한다. 많은 초보자들은 돌이 아니라 플라스틱이나 나뭇가지를 가져와서 돌이라고 주장한다. 학문적 공헌점이 없는 단순 주장의 글 말이다. 이러한 물건들은 돌탑 쌓기라는 기본적 사명에 어긋나기 때문에 돌탑에서 제거되어야 한다.

 전략 2. 돌탑에는 돌만 쌓아야 한다.

그렇다면 과연 내가 가져와야 하는 돌은 어떤 것일까? 학술 논문은 보고서나 신문 기사, 또는 학술 서적과 어떤 점이 다른 것일까?

리포트, 보고서, 신문 사설과 학술 논문의 차이점

논문 지도를 하다 보면 학생들이 종종 다음과 같은 문제를 논문 주제로 가져온다.

- 한국의 창업기업이 나아갈 방향을 제시하고 싶다.
- 한국의 예술가들이 자립하는 방안을 제시하고 싶다.
- 한국의 복지시스템이 북유럽 시스템보다 왜 열등한가에 대해 밝히고 싶다.
- 한국 기업의 사회적 공헌활동을 효과적으로 수행할 수 있는 방법을 제시하고 싶다.

이러한 주제들은 더 나은 삶을 추구하기 위해 현실을 조사하겠다는 연구의 동기를 담고 있다. 이들은 분명히 우리에게 필요한 연구 동기이지만, 논문 주제로 보기에는 적절하지 않다. 이러한 주제들은 논문보다는 리포트, 보고서, 그리고 신문 사설에서 볼 수 있는 주제들이다.

학부 학생이 수업시간에 제출하는 리포트와 정부가 발간하는 보고서 또는 백서, 그리고 신문의 주장이 담겨있는 사설과 학술 논문의 차이점은 무엇일까? 그것은 바로 '새로운 것'에 대한 발견과 검증의 절차이다. 그러한 절차가 결여된 단순한 현상 파악과 주장은 논문이 아니다.

먼저, 논문을 처음 작성하는 초보자들이 범하는 가장 일반적인 실수는 철저한 검색만으로 논문을 작성할 수 있다고 믿는 것이다. 이것은 리포트와 논문의 차이를 보여준다. 철저한 검색과 조사만으로는 논문이 작성되지 않는다. 예를 들어 창업기업

논문은 단순 조사가 아니다

들의 발전 방향을 제시하기 위해 그들이 가진 애로점들을 조사한다고 해보자. 신문 기사나 선행연구를 조사하고, 그것을 바탕으로 꼼꼼한 선택지를 가진 설문지를 만들어서 주변 창업기업들에게 배포하여 그 답을 정리하면 좋은 논문이 될 것이라고 믿는 것이다. 그 과정에서 설문 대상 기업의 수가 많고, 논문에 많은 표가 삽입되며, 훌륭한 전문가 인터뷰가 포함되면 논문의 수준이 높아진다고 믿는다.

물론 이러한 과정과 요소는 논문의 수준에 영향을 미치긴 하지만, 먼저 논문의 **연구모형**이 정비되지 않으면 논문이 될 수 없다. 논문다운 논문은 내가 발견하는 것이 새로운 것임을 스스로 검증한다. 가장 쉬운 예를 들자면 사물 사이의 '새로운 관계를 발견'하거나, 또는 기존 관계가 적용되지 않는 '새로운 상황을 발견'했다는 것을 검증해서 보여주는 것이다. 단지 새로운 현상이나 자료를 수집해서 제시하는 것은 논문이 아니며, 아무리 많은 자료를 검색하고 많은 시간을 쏟으며 많은 설문지를 통해 얻은 결과라 하더라도 그것은 현상 파악에 불과하다. 이것이 새로운 어떤 것임을 검증하기 위해서는 기존의 이론적 모형이 필요하다. 즉 새로운 이론적 발견을 보여주어야, 즉 내가 쌓는 것이 나무나 플라스틱이 아니라 사람들이 돌이라고 인정하는 것이라고 보여줄 수 있어야 나머지 과정과 요소가 의미를 찾을 수 있다. 아무리 훌륭한 모습의 플라스틱을 가져와서 쌓아도 그것은 돌탑에 기여할 수 없다.

연구모형

연구모형은 논문에 등장하는 개념들의 관계를 보여주는 모형이다. 이것은 그림으로 표현될 수도 있지만 문장으로 표현되어도 좋다. 일반적으로 열린 질문보다는 닫힌 질문이 더 선호된다. 예를 들어 "특정 현상이 한국 경제에 어떠한 영향을 미치는지 알아본다."라고 묻기보다는 "특정 현상이 한국 경제에 과연 영향을 미치는지에 대해 알아본다."가 더 낫다. '어떠한 영향'인가에 대해 파악하기 위한 과정에서 주관적 요소를 배제하기 힘들기 때문이다.

두 번째로, 보고서는 그 목적상 학술 논문과 구분된다. 예를 들어서 정부가 아무리 큰 예산을 들여서 작성하는 정책보고서라고 해도 그 목적은 정책적인 용도에 있는 것이지 학술적인 가치에 있는 것은 아니다. 물론 보고서를 변형해서 작성되는 논문도 많이 있지만, 보고서 자체가 학술 논문은 아니다.

마지막으로, 신문 사설은 신문사의 주장을 담은 글이다. 사설의 목적은 주장을 통해 이상적인 사회를 제시하고 당위성을 제공하는 것이며, 주장을 뒷받침하기 위해 자료와 논리를 동원한다. 그러나 학술 논문은 당위성을 제공하는 글이 아니다. 단지 논문의 저자가 조사한 것을 학문적 절차에 따라 제시하고 그 결과를 설명하는 것이다. 당위성이라는 개념에 집착하면 논문 주제를 잡지 못한다.

논문 쓰기 팁

학술 서적과 학술 논문

보고서와 학술 논문 사이에는 학술 서적이 있다. 학술 서적은 새로운 현상을 소개한다는 의미에서는 보고서와 유사하고, 현상의 원인을 진단하고 관계를 검증한다는 의미에서는 학술 논문과 유사하다. 그러나 학술 논문과 학술 서적의 가장 중요한 차이점은 직접적인 주장 유무와 인용 방식에 있다. 학술 서적은 학술 논문에 비해 저자의 직접적인 주장이 제시되어 있으며 이를 뒷받침하기 위해 많은 현상 자료와 역사적 사실, 다양한 관점을 제시한다. 대체로 논리적으로 작성되어 독자를 설득한다.

그러나 학술 논문은 기본적으로 독자를 설득하기 위해 작성되는 것은 아니다. 학술 논문은 연구자의 주장을 펴기 위한 것이 아니라 연구자가 새롭게 발견한 세상의 이치를 보여주기 위한 것이다. 물론 그 발견점이 결론에서 저자의 주장을 뒷받침하는 증거로 활용될 수 있지만, 학술 논문의 기본적인 목적은 이론적 진보이다. 이러한 이론적 진보를 이루기 위해 높은 빈도의 선행연구 인용이 필요하게 된다. 선행연구를 인용하여 이론적 위치를 보여주는 것이다.

논문에 인용을 추가하는 것은 마치 다른 사람에게 내가 있는 위치를 설명하는 과정과 유사하다. 지도가 없다면 그 기준으로서 주변 사물을 언급해야 한다. 예를 들어 시청역 1번 출구로 나와서 100미터 가다가 오른쪽에 있다는 설명은 시청역, 100미터, 오른쪽이라는 정보를 필요로 한다. 지도는 이러한 위치정보를 그림으로 나타낸 것이며, 선행연구는 해당 논문의 이론적 위치정보를 나타내는 지도 역할을 한다. 즉 독자들은 인용논문들만 보아도 이 논문이 어떤 연구주제를 가지고 있는가에 대해 알 수 있다. 즉 어느 돌탑 위에 놓인 돌인지 파악할 수 있는 것이다. 만약 선행연구가 제시되어 있지 않거나 적절한 선행연구가 포함되어 있지 않다면 독자들은 이 연구의 학문적 뿌리에 대해 혼란을 겪거나 이 연구가 학술 논문의 요건을 갖추고 있지 않다고, 즉 돌이 아니라 플라스틱이라고 판단하게 된다. 결론적으로 학술 서적에

지도와 선행연구는 서로 닮았다

서는 저자의 주장에 초점을 맞추지만 학술 논문에서는 이론적 발전이 더 중요하고, 학술 서적에서는 치밀한 인용이 요구되지는 않지만 학술 논문에서는 치밀한 인용이 필수이다.

 전략 3. 선행연구는 지도와 같다.

논문은 연구자가 세상과 소통하는 방법

가수는 노래로, 신문기자는 기사로, 정치인은 정치적 메시지로 세상과 소통한다. 연구자는 논문을 통해 세상과 소통하는 사람이다. 연구자가 세상에 공헌하고 세상에 본인의 존재를 남기는 거의 유일한 방법은 학술 논문을 통해서이다. 그러므로 학술 논문 작성은 연구자의 의무이자 특권이다.

논문을 쓰지 않는 연구자는 사회가 부여한 직업상 의무를 소홀히 하는 사람이다. 연구의 훈련을 받는 사람은 그 능력을 기반으로 세상에 공헌할 의무가 있다. 가수가

정치인과 연구자가 세상과 소통하는 방법

노래를 부르지 않으면 가수가 아니고, 기자가 기사를 쓰지 않으면 기자가 될 수 없 듯이 연구자가 논문을 쓰지 않으면 연구자라 할 수 없다.

그러나 이와 동시에 논문 쓰기는 연구자의 특권이다. 가끔 작사자나 영화감독이 사회에서 터부시되는 주제의 노래가사나 영화를 선보여서 물의를 일으키는 것을 볼 수 있다. 이로 인해 표현의 자유와 사회적 윤리기준 사이의 갈등이 표출되기도 한 다. 사실 논문 작성자는 학문적 물의와 갈등을 일으킬 잠재적 위험인물들이다. 연구 자는 과학적 방법에 의해 검증된 것이라면 기존의 논리와 상식을 뒤엎는 어떠한 결 과도 발표할 수 있기 때문이다. 본인의 정치적 또는 사회적 주장을 관철하기 위해 작성하는 논문은 학술적 가치가 없지만, 엄정한 과학적 방법에 의해 작성된 학술 논 문은 결과적으로 세상에 정치적 또는 사회적 메시지를 던질 수 있다. 이것이 연구자 가 세상과 소통하는 방법이자 논문 쓰기를 통해 갖는 특권이다.

제 2 장

주제와 제목 정하기

전략 4. 선행연구는 실제적 현상이 아니라 이론적 속성으로 검색한다.

전략 5. 논문 제목에 이론을 삽입하는 것이 좋다.

전략 6. 논문 제목에 등장하는 개념은 논문 전체에 지속적으로 반복된다.

제1장에서 논문의 초보자들이 흔히 가져오는 잘못된 논문 주제의 예를 소개했었다.
그에 대해 다시 한번 살펴보기로 하자.

- 한국의 창업기업이 나아갈 방향을 제시하고 싶다.
- 한국의 예술가들이 자립하는 방안을 제시하고 싶다.
- 한국의 복지시스템이 북유럽 시스템보다 왜 열등한가에 대해 밝히고 싶다.
- 한국 기업의 사회적 공헌활동을 효과적으로 수행할 수 있는 방법을 제시하고 싶다.

이러한 주제가 갖는 문제점을 분석하면 바람직한 주제와 제목을 자연스럽게 판
별할 수 있게 된다. 사실 논문의 수준은 그 제목 또는 주제에서 거의 결정된다고 보
아도 과언이 아니다.

주제의 구체성

논문의 주제는 구체적이어야 한다. 구체적인 주제는 관심 범위를 좁힘으로써 쉽게 만들 수 있다. 예를 들어 첫 번째 주제에서 학생이 조사하고 싶었던 내용은 창업기업의 발전 방향이었고, 그를 위해 애로점을 조사하려는 것이었다. 그런데 창업기업의 애로점을 조사하는 것은 사실 정부의 중소벤처기업부에서 할 일이지 연구자가 논문에서 할 일은 아니다. 현황조사 자체가 논문은 아니기 때문이다. 논문에서는 학문적 가치를 찾을 수 있는 연구주제를 다루어야 한다.

사실 연구주제에 학문적 가치가 있어야 한다는 것은 연구가 시작되기 위한 대전제인데, 어떤 주제가 학문적 가치가 있는가에 대한 명쾌한 판별기준은 없다. 사실 이것이 지도교수가 도울 일이기도 하다. 논문을 작성하여 학술지에 투고하면 거의 모든 학술지의 심사기준 1번으로서 연구주제의 중요성을 평가한다(제13장 참조). 즉 학술지의 논문 심사자가 가진 주관적인 판단에 의해 연구주제의 중요성을 평가하는 것이다. 그러나 대부분의 심사자가 공유하는 가장 중요한 요건 중 하나는 이전에 수행되지 않았던 연구이어야 한다는 것이다. 이미 다른 사람이 다루었던 연구주제를 다시 다루는 논문은 가치가 없는 논문이다. 이러한 주제를 찾기 위해서는 당연히 선행연구를 꼼꼼하게 검색해 보아야 한다.

그러나 수많은 연구자가 지금까지 한 번도 다루지 않았던 연구주제를 찾았다고 해서 그 주제에 학문적 가치가 있다고 확신할 수는 없다. 오히려 학문적 가치가 없기 때문에 지금까지 한 번도 등장하지 않았던 주제일 확률이 높다. 그러면 어떻게 해야 학문적 가치가 있는 주제를 찾아낼 수 있는 것일까? 그 방법 중 하나는 이미 선행연구에서 다루었던 연구주제의 분야를 현재의 상황에 맞게 더 구체적으로 세분해서 그에 대해 깊게 다루는 것이다. 이러한 과정은 의외로 쉽게 새로운 연구주제를 찾을 수 있도록 도와준다.

예를 들어 창업기업의 애로점에 대한 주제는 너무 광범위하여 이미 많은 연구가 수행되었을 것이다. 여기에 주제 세분화 과정을 적용하기 위해 창업기업의 애로 상황을 여러 가지 기준으로 분류할 수 있다. 창업 과정(아이디어 형성-구성원 모집-투자자 탐색 등), 사업 분야, 창업자의 유형, 창업기업의 규모, 창업 지역 등으로 분류할 수도 있다.

이렇게 분류하면 이제 이 연구의 주제는 단순히 창업기업에 대한 연구가 아니라 특정 분야에서 중요하게 작용하는 개념 수준으로 바뀌게 된다. 또한 좁아진 연구주제에는 구체적인 이론이 적용될 수 있다. 예를 들어 창업 과정에서의 각 단계에서 나타나는 애로점에 대해서는 기업의 성장에 대한 이론이 적용될 수 있고, 사업 분야의 여러 형태에서 나타나는 애로점에 대해서는 산업 특성에 대한 이론이 적용될 수 있으며, 창업자의 여러 유형과 관련된 애로점에 대해서는 성격 유형과 관련된 심리학 이론이 적용될 수 있다. 즉 주제 세분화가 유용한 이유는 이러한 과정을 통해 창업기업의 애로점이라는 실제적 현상이 아닌 이론적으로 세분화된 애로점의 속성에서 선행연구를 찾을 수 있기 때문이다.

 전략 4.   선행연구는 실제적 현상이 아니라 이론적 속성으로 검색한다.

논문 쓰기 팁

다양한 학술 분야에서의 선행연구 검색

예술가들이 당면한 과제라는 주제에 대해 한 번 더 연습해 보자. 만약 이 상태에서 선행연구를 찾는다면 검색어로 "예술가" "과제" "문제" 등을 선정할지도 모르겠다. 그러나 이 검색어로는 절대로 연구자가 만족할 선행연구를 찾을 수 없을 것이다. 너무나 일반적인 용어들이기 때문이다.

그러나 주제 세분화를 활용하여 연구주제를 좁히면 예술가들이 당면한 과제를 예술의 분야(전시, 공연 등), 예술가의 경력(주니어, 시니어), 예술가의 전업 여부(전업, 취미), 당면 과제의 유형(금전적, 비금전적) 등으로 분류할 수 있을 것이다. 필요하다면 이 분류를 더욱 세분화할 수 있는데, 예를 들어 공연 분야에서도 연극과 뮤지컬로, 뮤지컬에서도 라이선스 뮤지컬과 원작 뮤지컬 등으로 세분화하는 것이다. 각 분야에 종사하는 예술가가 당면하는 문제는 각기 다를 수 있다.

이제 세분화된 분야에서 발견되는 이론적 속성을 파악해 보자. 전시 분야와 공연 분야 예술가가 당면하는 과제에 대해서는 전시/공연 특성에 대한 예술학 이론이 적용될 수 있고, 경력에서의 당면 과제에 대해서는 연령이나 경력과 관련한 사회학 이론이 적용될 수 있으며, 전업 여부 또는 당면 과제의 유형과 관련해서는 사회복지 분야의 이론이 적용될 수 있을 것이다. 즉 이러한 방식의 검색은 "예술가" "과제" 등의 현상을 담은 선행연구가 아니라 예술학, 사회학, 사회복지학의 이론을 담은 선행연구를 찾을 수 있게 할 것이다. 물론 앞에서 설명했듯이, 이렇게 구체적으로 연구주제를 설정했다고 해서 모든 주제가 가치가 있는 것은 아니다. 주제의 가치에 대한 판단은 각 분야에서의 이론적 평가를 거쳐야 한다. 그러나 중요한 것은, 구체적이고 새롭지 않은 주제는 가치 평가의 자격도 갖지 못한다는 것이다.

제목의 명료성

주제의 구체화를 거친 제목은 보다 명료하게 설정될 수 있다. 앞에서 예로 든 한국 창업기업에 대한 내용은 다음과 같이 수정할 수 있다.

> **한국의 창업기업이 나아갈 방향**
>
> ↓
>
> **창업 과정별 애로점이 창업기업의 성과에 미치는 영향 : 한국의 IT 분야를 중심으로**

어떤 차이점을 발견할 수 있는가? 두 제목 모두 창업기업의 발전 방향을 논하는 것인데 제목을 조금 구체적으로 적었다고 뭐가 달라진 것이냐고 의문을 가질 수도 있다. 그러나 두 번째 제목은 적어도 두 가지의 측면에서, 즉 창업 과정별로 구분했다는 점과 IT 분야의 특성을 고려한다는 점을 명시한다는 측면에서 이전의 제목과는 질적으로 월등한 수준의 제목이다. 적어도 제목에서는 그렇다는 것이다.

제목을 명료하게 하는 것에는 적어도 두 가지의 장점이 있다. 첫째, 자기 자신에게 내가 무엇에 대해 논문을 쓰는 것인지를 지속적으로 일깨워준다. 제목을 명료하게 하면 논문의 일관성이 높아진다. 만약 논문을 쓰는 과정에서 논문 내용이 처음에 설정한 논문 제목과 다르게 진행된다면 어떻게 해야 할까? 당연히 논문 제목을 바꾸어야 한다. 이 경우 새로운 논문 제목으로 일관성을 지키는 논문을 쓰게 된다. 만약 내용을 아무리 바꾸어도 무관한 매우 일반적인 논문 제목을 설정하게 되면, 중간에 논문 방향과 내용이 아무리 바뀌어도 논문 제목을 바꿀 필요도 없으므로 더 편할 것이라고 생각하는가? 그것은 매우 바람직하지 않은 생각이다. 스스로 논문의 일관성을 저해하는 결과를 가져올 수 있다.

명료하고 구체적인 제목이 가진 두 번째 장점은 독자에게 논문의 내용을 쉽게 전달한다는 것이다. 논문은 대개 매우 좁은 분야에서 깊이를 추구하게 되는데, 제목을 애매하게 일반적으로 설정해 놓으면 이 논문에서 과연 무엇을 연구한 것인가에 대해 파악하기 힘들다.

사실 다른 사람의 논문을 읽을 때에는 쉽게 이해하는 것이 어려울 때가 많다. 왜냐하면 모든 논문은 본질적으로 새로운 개념(또는 관계, 또는 법칙)을 제시하기 때문이다. 역설적으로 말해서, 읽기에 전혀 어렵지 않은 논문은 좋은 논문이 아니다. 하지만 아주 좋은 논문이란 새로운 개념, 관계, 또는 법칙을 제시하되 독자가 이해하기에 쉬운 방식으로 설명하는 논문이다.

새로운 어떤 것을 독자가 이해하게 만들 수 있는 가장 좋은 방법은 반복이다. 제목과 초록, 서론, 본론, 그리고 결론에서 본 논문이 설명하고자 하는 개념을 반복적으로 등장시키는 것이 중요하다.

앞에서 예로 든 다른 제목들도 이러한 방식으로 좀 더 구체적이고 명료하게 수정해 보자.

한국의 예술가들이 자립하는 방안

↓

예술가의 전업 여부가 전시예술과 공연예술 분야에서의 금전적 성과에 미치는 영향

한국의 복지시스템은 북유럽 시스템보다 왜 열등한가

↓

한국과 북유럽 기업의 경쟁력 비교 : 포터의 국가경쟁력 모델과 바니의 VRIO 모델을 중심으로

두 번째와 세 번째의 수정된 제목에 등장하는 이론들은 국제경영 또는 전략경영 분야의 이론들이다. 갑자기 이러한 생소한 이론들을 왜 등장시켰는지, 그리고 이러한 이론들을 모두 배운 다음에 비로소 논문을 쓸 수 있다는 것인지 의문이 들 것이다. 이 이론들을 등장시킨 이유는 다음과 같다.

첫째, 결론부터 이야기해서, 논문의 가장 좋은 구조는 특정한 상황에 있어서 기존의 이론을 수정 및 확장하거나 또는 반박하는 내용을 담는 것이다. 이러한 구조는 돌탑 쌓기의 두 가지 필수 조건, 즉 토대가 되는 선행연구를 정확히 제시하는 것과 해당 연구의 새로운 점을 명확히 제시하는 것을 자연스럽게 충족시킨다. 즉 자연스럽게 논문의 구조를 갖추게 해준다. 그러므로 해당 분야의 대표적 이론들을 논문에서 언급하는 것은 많은 혼란을 피하게 해주고, 좋은 논문을 쓸 수 있는 기본 조건을 갖추게 한다.

그렇다면 이 말은 해당 분야의 모든 이론을 배운 다음에 비로소 논문을 쓸 수 있다는 것을 의미하는가? 그렇지 않다. 물론 연구자마다 스타일이 다르긴 하지만, 대개의 경우 논문을 쓰는 것과 이론을 배우는 일은 병행하여 진행된다. 논문을 쓰기 위해 많은 선행연구를 읽다 보면 강의에서 접하지 못한 다양한 이론들을 자연스럽게 접하게 된다. 이 이론들은 해당 논문이나 또 다른 논문을 작성하는 데 중요한 받침돌이 될 수 있다.

이와 관련하여, 많은 논문들은 특별한 이론에 의지하지 않은 채 모델이나 가설을 제시하는데, 이것이 불가능한 것은 아니다. 사실 아주 새로운 현상을 설명하기 위해 인터뷰 자료를 수집하면서 본인만의 모델을 만들어가는 기법도 사용된다. 예를 들어 인류학에서 원시부족을 연구할 때에는 정해진 기존 문명 사회의 질서를 설명하는 이론을 적용하기보다는 해당 부족만의 현상을 설명하기 위해 연구자가 자신만의 관찰을 통해 연구를 진행하는 경우가 흔하다. 즉 **과학적 방법**을 충실하게 따르면 기존 이론을 사용하지 않고도 선행연구만을 인용하면서 분석 결과의 의미에 대해 설명할 수 있다.

그러나 적절한 기존 이론이 있다면 기존 이론을 기반으로 연구를 진행하는 것이 당연하다. 여기서의 기존 이론이란 해당 분야에서의 대표적 이론만을 의미하는 것이 아니라 '전략 4'에서 언급한 '이론적 속성'과 관련 있는 분야의 이론을 의미한다. 앞에서 예술가에 대한 논문을 작성하는 것에 예술학, 사회학, 사회복지학 분야의 이론을 이용할 수 있다고 한 것이 바로 이러한 이유 때문이다. 그리고 이러한 이론을 이용할 때에 논문의 제목에 이 이론을 적시하면 독자는 해당 논문의 학술적 근거를 바로 이해하게 된다.

과학적 방법

과학적 방법을 따른다는 것은 매우 넓고 복잡한 의미를 가질 수 있지만, 여기에서는 단순히 객관적인 절차에 따라 명료하게 연구를 진행한다는 정도로 이해하도록 한다. 객관적이지 않은 방법은 편중적이거나 선택적으로 자료를 수집하거나 예외적인 현상에 대해 충분한 주의를 기울이지 않는 것을 포함한다. 즉 연구 대상이 의미할 수 있는 모든 가능성을 객관적으로 고려하는 것을 말한다.

결론적으로, 모든 이론을 배운 다음에 비로소 논문을 쓸 수 있는 것은 아니다. 이론은 다른 선행연구를 많이 읽다 보면 자연스럽게 배우게 된다. 논문의 내용에 이론적 기반이 있다는 것을 발견하면 그 이론을 제목에 반영하자. 논문의 차원이 달라진다.

늘 새로운 모형이 필요한 것은 아니다

전략 5. 논문 제목에 이론을 삽입하는 것이 좋다.

제목과 초록, 서론, 모델/가설, 결론의 관계

질적 연구

질적 연구는 충분한 수량의 자료가 존재하지 않거나 연구의 성격상 수량적으로 연구하기 힘든 주제에 대해 연구 대상의 의미를 중심으로 수행하는 연구방법이다. 관찰, 참여, 의미분석 등이 사용되며 대표적으로는 사례분석이 있다. 예를 들어 인류학자가 원시인의 사회생활 행태를 분석하기 위해 부락에서 동고동락하며 원주민 행동을 기록하고 그것을 사회계급적 차원에서 해석하는 것은 질적 연구이다. 반면에 동일한 대상에 대해서도 특정 행동의 횟수를 측정하여 가설을 검증한다면 그것은 양적 연구가 될 수 있다. 질적 연구를 수행하기 위해서는 이론적 모델이 필요하다.

양적 연구

양적 연구는 통계적으로 충분한 자료가 존재하여 기존 이론에 의해 설정된 예측을 검증하는 연구방법이다. 통계학의 발전에 힘입어 많은 검증 모형이 개발되었다. 가장 흔하게 사용되는 양적 연구방법은 회귀분석과 이항로짓(binary logit)이며 간혹 매우 단순한 경우 분산분석이 사용되기도 한다. 양적 연구를 수행하기 위해서는 가설이 필요하다.

앞에서 논문이 가진 구체적이고 명료한 제목은 저자 스스로에게는 논문의 일관성을 높이고 독자에게는 논문의 내용을 쉽게 전달하는 장점이 있다고 설명했다. 물론 구체적인 제목을 붙였다고 해서 저절로 논문의 일관성이 높아지지는 않을 것이다. 이제 논문의 일관성을 높이는 방법에 대해 살펴보자.

논문의 각 부분에는 고유한 기능이 존재한다. 초록에서는 연구의 중요성과 발견점, 그리고 그 의의를 요약한다. 한 마디로 논문 전체의 요약이다. 서론에서는 **주제의 중요성, 선행연구의 흐름, 본 연구의 차별점**, 그리고 **본 연구의 구성**을 설명한다(제4장 참조). 본론에서는 **선행연구의 흐름**을 개념 중심으로 설명한다(제5장 참조). **질적 연구**의 경우 모델, **양적 연구**의 경우 가설에서 개념과 개념 사이의 관계를 중심으로 선행연구를 인용하면서 설명한다(제6장과 제7장 참조).

사례분석 또는 실증분석에서는 앞에서 제시한 모델 또는 가설에 실제 자료를 대입하여 검증하는 과정을 보여준다(제8장과 제9장 참조). 결론에서는 분석 결과를 요약하고 그 시사점을 **학문적 공헌점, 실무적 공헌점**, 그리고 **정책적 공헌점**으로 구분하여 설명한다(제10장 참조).

모델과 가설의 차이

논문 심사자가 처음 접하는 논문의 내용을 파악할 때에는 보통 가장 먼저 제목과 모델/가설을 읽는다. 대개 제목에서 등장하는 개념들은 모델/가설에서 구체화된다. 그러므로 제목에서 이해하기 힘든 생소한 개념이 등장하더라도 모델/가설 부분을 읽으면 그 개념이 무엇을 의미하는지 대략적으로 이해할 수 있다. 그다음에는 초록을 읽으면서 해당 논문이 무엇을 발견했다는 것인지에 대해 파악한다. 초록의 가장 큰 특징은 짧다는 것이므로 주제의 중요성과 조사방법, 조사 결과, 의의를 전체적으로 파악하기 쉽다. 만약 연구의 차별점에 대해 더 자세히 알고 싶다면 서론의 **본 연구의 차별점** 부분을 읽고, 중요성에 대해 더 자세히 알고 싶다면 서론의 **주제의 중요성** 부분을 읽으며, 결과의 의의에 대해 더 자세히 알고 싶다면 결론의 **학문적 공헌점** 부분을 읽는다.

대부분의 논문은 제목과 초록, 서론, 모델/가설, 결론이 일관적으로 작성되어 있기 때문에 이 같은 방식으로 이해하기 쉽다. 그런데 충분한 해독 능력이 있는 독자가 이러한 방법으로 읽어도 논문의 내용을 대략적으로 파악하지 못한다면, 논문이 잘못 작성된 것이다.

이제 논문 제목이 이러한 각 부분과 어떤 관련성을 갖는지 살펴보겠다. 앞에서 사용한 제목의 예를 다시 사용하기로 하자.

초록은 논문 전체의 요약이므로 여기에서는 가장 나중에 다루기로 하고, 먼저 서론부터 시작하기로 하자. 제목에서 '창업 과정'이라는 개념과 '한국의 IT 분야'라는 자료가 제시되었기 때문에 이 개념과 자료는 서론의 **본 연구의 차별점** 부분에서 반드시 등장하게 된다. 아마도 서론의 **선행연구의 흐름** 부분에서는 창업기업에 대한 일반적인 연구에 대한 소개 또는 창업기업의 애로점에 대한 연구를 정부정책이나 창업가의 능력 등 다른 관점에서 바라본 연구를 소개했을 것이다. 그러면서 본 연구의 차별점으로 '창업 과정별'이라는 개념을 강조할 수 있다. 'IT' 분야라는 연구의 자료는 해당 연구의 특성일 수도 있고 아닐 수도 있다. 만약 서론의 **본 연구의 차별점** 부분이 등장해야 하는 부분에서 '창업 과정별'이라는 개념에 대해 설명하지 않고 일반적인 창업 추세나 애로점에 대해서만 언급한다면, 이 논문은 잘못된 제목을 설정했거나 또는 부실한 서론을 작성한 것이다.

모델/가설 부분에서도 '창업 과정별'이라는 개념이 구체적으로 드러나야 한다. 해당 연구가 사례분석 연구라면 창업 과정 또는 단계를 구분하는 선행연구들을 제시하고 그 연구를 기반으로, 또는 본인의 독특한 모델을 설정하여 각 단계의 특성을 설명하는 내용이 전개되어야 할 것이다. 해당 연구가 실증분석 연구라면 창업 과정별로 차별화된 애로점을 묻는 설문지에 기반한 가설 또는 기존 자료에 기반한 가설이 제시되어야 할 것이다. 기존 자료란 연구자가 직접 설문 등을 통해 만든 자료가 아니라 국가 등 기관이 이미 만들어 놓은 자료를 말한다(제9장 참조). 만약 창업 과정이라는 개념이 모델에 잘 나타나지 않거나 가설에서 중요한 역할을 하지 않는다면, 이 논문은 잘못된 제목을 설정했거나 부적절한 모델/가설을 작성한 것이다.

결론 부분에서도 '창업 과정별'이라는 개념이 드러나야 한다. 해당 연구의 학문적 공헌점을 강조하는 것이 결론의 주된 역할이므로 기존의 선행연구에서 발견하지 않은 어떤 것이 해당 연구에서 발견되었고, 그 의의가 무엇인지에 대해 설명해야 한다. 이는 선행연구를 인용하면서 해당 연구의 공헌점을 설명하면 가장 쉽게 이룰 수 있다. 즉 제목에서 '창업 과정별'이라는 개념을 제시한 이상 이 개념이 기존 연구의 흐름에서 어떠한 의미를 갖는가에 대해 선행연구를 인용하면서 설명하는 것이 바람직하다. 만약 결론에서 '창업 과정별'이라는 개념이 사용된 의미와 공헌점이 구체적으로 언급되지 않고 창업의 중요성에 대한 일반적인 주장만 반복된다면, 이 논문은 부적절한 결론을 작성한 것이다.

마지막으로 논문 초록에는 이 모든 내용이 매우 간략하게 포함되어야 한다. 즉 서론에서 언급해야 하는 본 주제의 중요성, 모델/가설에서 제시하는 연구모형과 예측의 방향, 연구 결과의 요약, 그리고 연구 결과의 의의가 각 1~2줄 정도로 제시되어야 한다. 다시 말해서 논문 초록에는 논문 제목이 직접 또는 간접적으로 반복하여 등장하게 된다.

 전략 6.　논문 제목에 등장하는 개념은 논문 전체에 지속적으로 반복된다.

연구자마다 차이가 있긴 하지만, 필자의 경우 논문의 일관성을 유지하기 위해 택하는 논문 작성 순서는 다음과 같다. 가장 먼저 작성하는 부분은 모델/가설이다. 이것은 논문에서 궁극적으로 독자들에게 알리고 싶은 내용이다. 대개 논문은 하나의 키 페이퍼(key paper)에서 시작되는 경우가 많다. 키 페이퍼는 모델의 기본형 또는 가설의 기본형을 제시한다.

그다음으로 자료를 수집한다. 물론 2차 자료를 먼저 확보한 상태에서 해당 자료에 어울리는 이론을 담은 키 페이퍼가 설정되는 경우도 많지만, 설문 또는 사례 자료는 대개 키 페이퍼의 확보 다음에 수집된다. 설문 또는 사례 자료가 수집되는 과정에서 논문의 제목이 수정되는 경우가 많다.

그다음 과정은 사례분석/실증분석과 분석 결과의 요약이다. 분석은 논문 저자가 설정한 모델/가설과 실제 자료의 일치 여부를 검증하는 과정이므로 모든 모델/가설이 현실에 부합할 필요는 없다. 여기에서 많은 초보 연구자가 혼돈을 겪기도 하는데, 모든 가설이 지지되어야 한다고 생각하거나 또는 모든 사례가 모델에 부합되어야 한다고 생각하는 것은 매우 잘못된 것이다. 심지어 이러한 결과를 얻기 위해 부실한 설문지를 작성하거나 비윤리적인 조사 과정을 거치기도 한다. 논문의 가치는 모델/가설과 현실의 부합 자체에 있는 것이 아니라 오히려 모델/가설과 현실이 부합되는 경우와 부합되지 않는 경우의 차별성에 대해 어떻게 설명하느냐에 달려있다. 열 개의 가설을 제시하고 열 개 모두 지지하는 결과를 얻는 연구는 훌륭한 연구가 아니다.

그다음으로 서론과 본론을 작성한다. 이제 모델/가설과 조사 결과까지 확보된 상태이므로 서론을 작성할 준비가 되어있다. 또한 지금까지 진행하는 과정에서 꾸준히 수집한 선행연구로 본론의 흐름을 채울 수 있다. 사실 본론과 모델/가설의 내용은 혼돈될 수 있는데, 본론에서는 개념을 설명하는 선행연구를 인용해야 하고, 모델/가설에서는 개념 사이의 관계를 설명하는 선행연구를 인용해야 한다. 물론 그러한 선행연구들은 본론과 모델/가설에서 중복되어 인용될 수 있다.

마지막으로 작성하는 부분은 초록과 결론이다. 이 부분이 마지막에 작성되어야 하는 이유는 연구의 공헌점에 대해 다각적으로 생각할 시간이 필요하기 때문이다. 사실 학문적 공헌점은 사례분석/실증분석이 완료됨과 동시에 파악할 수 있지만, 실무적 공헌점과 정책적 공헌점은 파악이 쉽지 않을 수도 있다.

논문 쓰기 팁

논문 읽기의 일상화

하나의 논문에서 인용하는 선행연구의 수는 물론 정해져 있지 않다. 그러나 사회과학 분야에서는 관행적으로 최소 15개 이상의 선행연구가 인용되는 것을 볼 수 있다. 여기서의 선행연구는 학술지에 발표되는 논문을 의미한다. 신문, 잡지, 연감, 보고서 등의 자료도 인용할 수는 있지만 이들은 학술지에 게재된 선행연구 15개에 더해서 부수적으로 인용하는 것으로 여겨진다. 그렇다면 본인의 주제와 관련된 15개의 선행연구를 찾기 위해 15개의 논문만 읽으면 될까? 물론 그렇지 않다. 15개의 인용논문을 찾기까지는 그 몇 배의 논문 검색이 필요하다. 그 과정은 길고 험난하다. 그러나 그 가운데에 계획하지 않았던 소중한 학습을 할 수도 있다. 평소에도 인내를 가지고 논문을 꾸준히 읽어야 한다. 이를 위해 효과적으로 논문을 검색하는 방법을 익히는 것은 중요하다. 다음 장에서 그에 대해 살펴보기로 하자.

제 3 장

선행연구 찾기

전략 7. 선행연구 검색은 감자 캐듯 한다.

키 페이퍼는 가장 중요한 선행연구를 뜻한다

논문에서 인용하는 선행연구 또는 참고문헌 중 가장 중요한 참고문헌이 키 페이퍼 (key paper)이다. 내가 쌓는 돌이 어떤 의미가 있는 것인지 알려주기 위해 내 돌 밑에 쌓여있는 돌들에 대해 설명하는 것이다. 충분한 수의 참고문헌이 없다면, 즉 땅바닥에 쌓는 돌이라면 내가 내려놓는 이 돌은 맨바닥에 굴러다니는 의미없는 돌이 될 수도 있다. 물론 새로운 돌탑의 기반이 되는 위대한 토대가 될 수도 있지만, 그러한 위대한 작업은 학식이 높은 위대한 학자의 몫이라고 일단 생각해 두자.

논문을 작성하기 위해 참고문헌을 조사한다고 할 때에 범하기 쉬운 실수는 일반적인 용어로 검색하는 것이다. 제2장에서 잠시 언급했듯이 '예술가들이 당면한 과제'라는 일반적인 제목을 붙이고 "예술가" "과제" "문제" 등으로 검색하면 무수히 많은, 그러나 관련성은 찾아보기 힘든 쓸데없는 논문들이 검색되어 나올 것이다. 이러한 검색 결과를 받은 연구자는 혼란에 빠지게 된다. 너무나 많은, 그러나 관련 없는 선행연구이기 때문이다.

그러나 그렇다고 해서 지나치게 구체적인 용어로 검색하게 되면 "검색되지 않음"이라는 절망적인 결과를 받게 된다. 예를 들어 "창업 과정별 애로점이 성과에 미치는 영향 : 한국의 IT 분야를 중심으로"라는 제목을 설정하고 이와 관련된 참고문

선행연구를 검색하는 여러 가지 방식

헌을 찾기 위해 "창업 과정별 애로"로 검색한다면 "검색되지 않음"의 대답을 받을 확률이 99.99%이다. 왜냐하면 "창업 과정별 애로"라는 개념은 해당 연구자가 설정한 것이기 때문이다. 오히려 이 구체적인 문구를 사용하는 논문이 이미 존재하고 있다면 해당 연구자가 이 주제로 논문을 진행하기가 어려울 것이다. 즉 역설적으로 말해서, 구체적인 검색어를 사용할 때에는 논문이 검색되지 않는 것을 확인하는 차원에서 검색해야 한다.

그렇다면 연구자가 인용하기 위한 선행연구는 도대체 어떻게 검색해야 하는가? 선행연구를 검색하는 방식에는 대체로 세 가지가 있다.

첫째, **감자 캐기 방식**이 있다. 이것은 가장 바람직한 방식으로서 키 페이퍼 하나를 발견하고 그 논문에서 인용하는 참고문헌들을 하나씩 검토하는 방식이다. 만약 키 페이퍼가 인용한 참고문헌이 20개라면, 그 논문들의 제목을 하나씩 체크하면서 내 주제와의 근

> **감자 캐기 방식**
>
> 감자 캐기 방식은 하나의 키 페이퍼를 발견한 다음 그 논문에서 인용하는 참고문헌을 하나씩 검토하는 참고문헌 검색 방식이다.

접성을 대략적으로 평가할 수 있다. 경험상 이러한 방식으로 키 페이퍼에서 인용한 논문 중 4~5개의 참고문헌을 발견할 수 있다. 물론 선행연구의 제목이 다소 관련이 없어 보이더라도 해당 논문을 한 번쯤 읽어볼 필요는 있다. 키 페이퍼에서 해당 논문을 인용했던 부분을 체크해 보는 것은 매우 중요하다.

그렇다면 키 페이퍼를 통해 발견할 수 있는 논문은 4~5개로 그치는 것일까? 당연히 아니다. 그 4~5개의 논문이 인용한 선행연구들이 존재하기 때문이다. 만약 4~5개의 선행연구가 인용했던 각각 20~30개의 선행연구 중 논문당 2~3개의 선행연구가 연구자의 주제와 관련이 깊은 것이라면, 이 연구자는 이미 15개 정도의 관련성이 높은 선행연구를 확보하게 된다. 키 페이퍼의 선행연구, 선행연구의 선행연구, 그리고 이 선행연구의 선행연구를 찾아보는 과정을 몇 차례 반복하면 매우 순도 높은 선행연구 리스트를 마련하게 된다.

이 방법의 강력한 장점은 매우 효율적으로 관련성이 높은 선행연구를 발견할 수 있고, 또한 여러 논문이 중복적으로 인용하는 논문을 쉽게 찾을 수 있다는 것이다. 여러 논문이 중복적으로 인용하는 논문은 그 분야에서 중요하게 인정되는 논문임에 틀림없기 때문에 반드시 인용해야 할 논문일 것이다. 반대로 이 방법의 단점은 첫 키 페이퍼를 찾는 것을 전제로 한다는 것이다. 만약 첫 키 페이퍼를 좀처럼 찾지 못한다면 후속 선행연구를 찾는 과정을 시작할 수도 없다. 또한 첫 키 페이퍼로서 너무 오래된 논문을 찾는다면 그 논문이 인용한 논문은 더 오래된 논문일 것이므로 선행연구로는 적절하지 않을 수 있다. 즉 첫 키 페이퍼가 가급적 최신 논문이어야 이 방식이 효과적으로 이용될 수 있다.

 전략 7. 선행연구 검색은 감자 캐듯 한다.

역방향 감자 캐기 방식

최근에는 기술의 발달로 인해 역방향 감자 캐기 방식도 가능하다. 즉 최근에 발표된 선행연구가 인용한 이전의 연구들을 검색하는 대신, 오래전에 발표된 선행연구를 인용한 최근의 선행연구들을 검색할 수도 있다. 연구자에게 큰 편의를 제공하는 이러한 서비스는 일부 사이트를 통해 이용할 수 있다. 그러나 이 방식에는 큰 단점이 있는데, 특정 선행연구를 인용한 논문들이 너무도 다양한 분야에 분산되어 있고, 훌륭한 학술지에 게재되지 않은 논문이 많기 때문에 연구자가 원하는 감자 줄기를 찾기에 별로 쓸모가 없는 경우가 많다는 것이다. 그러므로 역방향 감자 캐기 방식은 보조적인 방식으로만 고려하는 것이 좋다.

둘째, **저인망 방식**이 있다. 특정 분야의 중요한 주제를 다루는 선행연구들을 집중적으로 검색하기 위해 해당 분야의 학술지 사이트에 들어가서 그 학술지에서 발표된 논문들의 제목을 모두 검토하는 것이다. 사실 특정 분야에 존재하는 학술지는 그리 많지 않다. 세계적으로 보아도 보통 3~4개, 많아야 5개 정도의 톱 저널이 존재하고, 국내에서도 2~4개 정도의 등재 또는 등재후보 학술지가 존재한다. 이러한 학술지들은 대개 연구방법(이론 또는 실증), 지역(아시아 또는 유럽 등), 분야(기업실무 또는 정책) 등으로 유사한 성격을 가진 논문들을 게재한다. 그러므로 연구자가 아시아 기업 자료를 가지고 양적 연구를 수행하고 싶다면, 해당 성격의 논문을 다루는 학술지에서 최근 5년 동안 발표된 논문을 훑어보는 것이 매우 효과적일 수 있다. 만약 해당 연구자의 연구주제가 결정되어 있다면 선행연구를 찾는 방법으로 활용할 수 있고, 만약 연구주제가 아직 결정되어 있지 않다면 많은 사람들이 관심을 갖고 있는 연구동향을 찾기 위한 방법으로 활용할 수도 있다. 위에서 설명한 '감자 캐기 방식'의 키 페이퍼를 발견하기 위한 방법으로 활용할 수도 있다.

저인망 방식

저인망 방식은 특정 학술지의 웹사이트에서 모든 논문의 제목을 검토하는 참고문헌 검색 방식이다.

이 방식의 장점은 '검색'이라는 번거롭고 주관적인 절차를 거치지 않고 믿을 수 있는 수준의 논문을 찾을 수 있다는 것이다. 검색으로 발견하는 논문들은 그 수준이 천차만별이기 때문에 한 번 더 걸러야 하는 번거로움이 있다. 연구에 익숙한 베테랑들은 이미 여러 학술지의 수준을 알고 있기 때문에 어떤 논문을 인용해야 하고 어떤 논문은 인용할 필요가 없는지를 알고 있다. 그러나 논문을 처음 작성하는 연구자는 학술 논문이 아닌 자료를 마치 학술 논문인 것처럼 인용하는 실수를 저지르기도 한다. 검색창에서 발견한 자료를 그대로 인용하는 경우이다. 그러나 특정 학술지 내의 논문들을 검색하는 이 '저인망' 방식에서는 그러한 위험이 근본적으로 제거된다. 더 나아가서 현재 연구자가 검색하고 있는 학술지의 수준을 사전에 결정할 수도 있다. 즉 A급 저널이냐, B+급 저널이냐 등에 대해 사전에 결정하여 검색할 수 있다. 이것이 중요한 이유는 연구자가 특정 주제로 논문을 작성한 뒤 이를 발표할 학술지의 스타일에 대해 사전에 집중적으로 학습할 수 있기 때문이다. 만약 해당 분야의 정상급 학술지에 발표할 계획을 갖고 있다면, 그 학술지에서 발표된 논문들을 많이 인용할 뿐 아니라 그 논문들이 인용했던 선행연구들에 대해서도 알고 있는 것이 유리하다. 왜냐하면 학술지의 일관성을 위해 해당 학술지의 논문 심사자들은 기존 발표 논문의 수준과 스타일을 유지하려는 경향이 강하기 때문이다.

반대로 이 방식의 단점은 연구자가 관심을 두지 않는 논문도 모두 (적어도 제목과 초록을) 검토해야 하고, 그 과정에서 앞에서 설명한 '감자 캐기 방식'보다는 다소 비효율적인 시간 소비가 발생하기 쉽다는 것이다. 아무리 연구방법, 지역, 분야 등에서 유사한 논문들을 발표하는 학술지라고 해도 그 안에는 매우 다양한 연구주제가 존재하는데, 그중에서 연구자가 관심을 두는 연구주제의 논문을 찾는 것은 종종 불가능하다. 이 경우 최근 5년 대신 창간호 이래의 모든 주제를 검토하거나, 아니면 한 개의 학술지를 검토하는 대신 3~4개의 학술지를 검토하게 된다. 또한 이 과정에서 운 좋게 한두 개의 선행연구를 만난다 하더라도 이것이 특정 연구를 수행하기에 충분한 수는 아니다. 결국 이 방법으로 발견한 연구들은 앞에서 설명한 '감자 캐기 방식'의 키 페이퍼로 활용하는 논문이 될 확률이 높으며, 그러한 의미에서 '감자 캐기 방식'과 '저인망 방식'은 보완적으로 사용되기에 매우 적절하다고 할 수 있다.

학술지의 수준

학술지의 수준에 대해 논할 때 흔히 S급이냐, A급이냐, B+급이냐 등으로 평가하는 경우가 많다. 그러나 사실 이러한 등급을 객관적이고 공식적으로 정하는 기관은 존재하지 않는다. 학술지의 수준은 국내외를 막론하고 해당 분야 학자들의 평판과 암묵적 평가에 의해 정해진다. 그러므로 동일한 학술지가 어떤 대학교에서는 A급인데 다른 대학교에서는 B+급으로 평가되기도 한다. 그런데 이러한 주관적 평가가 가질 수 있는 잠재적 문제를 제거하기 위해 한국에서는 넓은 범주에서 국내 학술지에 대해 **등재지와 등재후보지**, 국외 학술지에 대해 **SSCI 학술지와 SCOPUS 학술지** 등의 등급을 적용하여 수량으로 환산한다. 예를 들어 국내 등재지에 단독으로 게재하면 4점, 2인 공저로 게재하면 2.8점, SSCI 학술지에 단독으로 게재하면 8점, 2인 공저로 게재하면 5.6점을 부여하여 연구자의 연구성과를 수량으로 환산하는 것이다. 그러나 외국에서는 이러한 수량화 방식은 거의 사용되지 않고 주관적 판단에 의해 연구자의 연구성과를 평가한다. 한국에서도 상위급 대학교에서는 자체적으로 가지고 있는 주관적 기준을 적용한다.

마지막으로 **낚시 방식**이 있다. 이것은 특정 단일 검색어를 통해 논문 및 관련 자료를 검색하는 것으로서, 사실 대부분의 초보 연구자들이 사용하는 방식이다. 검색창에 본인의 연구주제를 적어 넣으면 이 검색어와 관련된 자료가 쏟아져 나온다.

이 방식에도 장점과 단점이 있다. 먼저 검색창에 어떤 키워드를 입력하면 그 키워드를 포함한 자료

등재지와 등재후보지

한국연구재단에서는 국내 학술지의 수준을 높이기 위해 정기적인 심사를 통해 연구재단에 등재된 학술지를 선정한다. 그 심사에 통과된 국내 학술지를 등재학술지라고 하고, 등재의 수준에 미치지 못한 학술지를 등재후보지라 한다.

SSCI와 SCOPUS 학술지

SSCI는 Social Science Citation Index로서 톰슨 로이터라는 기관이 사회과학 분야에서 우수하다고 평가되는 학술지를 심사하여 하나의 리스트로 정리한 것이다. 즉 SSCI 논문이라고 하면 그 리스트에 포함되었다는 의미이다. SCOPUS는 엘스비어 출판사가 심사하여 발표하는 우수학술지 리스트의 이름이다.

SSCI 리스트는 SCOPUS 리스트보다 더 선별적이기 때문에 SSCI를 SCOPUS보다 더 높게 평가하고, 같은 SSCI 학술지 중에서도 Impact Factor(피인용지수)가 높은 학술지를 더 높게 평가한다.

낚시 방식

낚시 방식은 포털 검색창을 통해 키워드로 논문을 찾는 참고문헌 검색 방식이다.

연구자라면 누구나 유명 학술지에 논문이 게재되기를 꿈꾼다

들을 볼 수 있는데, 자료의 분량을 보면 해당 키워드의 관심도를 시대별로 추측할 수 있다. 논문들이 발표된 연도를 보면 이 주제가 최근 연구되는 주제인지 아니면 1990년대에 이미 활발히 연구되었던 주제인지 추측할 수 있는 것이다. 물론 '저인 망 방식'을 통해 특정 학술지에서 발표되는 논문 제목과 주제어의 빈도를 살펴보아도 이러한 트렌드를 발견할 수는 있다.

사실 '낚시 방식'은 '감자 캐기 방식'의 최대 단점, 즉 키 페이퍼의 존재를 전제로 한다는 단점을 부분적으로 보완해 준다는 장점이 있다. 연구자의 주제어를 포함한 논문들 중 가장 많이 인용되었거나 가장 최근에 발표된 논문은 키 페이퍼의 강력한 후보이다. 여기에서 주의할 점은 이 후보 논문이 수준 높은 학술지에서 발표되었다는 것을 확인해야 한다는 것이다. 검색창으로 검색되는 '논문'들 중에는 실제 논문이 아닌 보고서나 잡지 기사가 많다. 이 경우 아무리 적합도가 높은 검색 결과를 보여주는 자료라 하더라도 연구자의 키 페이퍼가 될 수는 없다.

이러한 소수의 장점을 제외하고 '낚시 방식'은 수많은 단점을 가진다. 앞에서 언급하였듯이 보편적인 검색어를 사용하면 연구자가 찾고 싶은 자료를 발견하기 힘들

정도로 많은 자료가 검색되고, 구체적인 검색어를 사용하면 아무것도 검색되지 않는다. 검색 엔진마다 가지고 있는 '학술정보'나 'scholar' 등의 메뉴를 이용하면 일반적인 자료보다는 더 학술적인 자료를 찾기 쉽지만, 여전히 연구자의 관심사와는 무관할 수 있는 방대한 자료가 검색된다. 그러므로 '낚시 방식'은 '감자 캐기 방식'을 이용하기 위한 키 페이퍼 검색을 위해, 또는 '저인망 방식'을 이용하기 위한 학술지 검색을 위해 보완적인 역할로 제한하여 이용하는 것이 바람직하다.

제 4 장

서론 쓰기

전략 8. 그저 "충분한 선행연구가 존재하지 않는다."라는 표현은 피한다.

서론은 나침반과 같다

서론은 논문이 시작되는 첫 부분이다. 물론 서론 앞에 제목과 초록이 등장하지만, 그 역할은 매우 제한적이다. 초록은 논문 전체를 요약하는 역할을 할 뿐 중요한 이론적 체계를 보여주지 않는다. 논문의 이론적 체계는 서론에서 시작한다.

서론의 필수 내용
• 주제의 중요성
• 선행연구의 흐름
• 본 연구의 차별점
• 본 연구의 구성

　　서론은 본론이 시작되기 전에 그저 주의를 환기시키는 부분이 아니다. 일상 대화에서 '서론이 길다'고 말할 때의 서론의 의미는 '중요하지 않은 부분'이라는 의미이다. 그러나 학술 논문에서 서론의 중요성은 매우 크다.

　　서론은 적어도 네 가지 기능을 수행한다. 처음 논문을 작성할 때에는 이 기능들을 확실하게 인식하기 위해 의도적으로 네 개의 문단으로 서론을 작성하는 것이 도움을 줄 수도 있다. 물론 논문을 길게 쓸 때에는 서론의 문단이 더 많아져야 한다.

주제의 중요성

서론의 첫 번째 부분(문단)은 해당 연구주제의 중요성을 강조하는 기능을 한다. 특정 주제가 중요하다는 것을 설명하는 방식은 다양할 수 있다. 가장 보편적인 방식은 학술적으로 대립되는 주장이 존재하고, 그 대립이 해결되지 않은 채 오랫동안 지속되어 왔음을 설명하는 것이다. 고전적인 예를 들자면, 사람의 성격에 영향을 미치는 요인 중 환경적인 요인이 중요한가 아니면 유전적인 요인이 중요한가, 또는 기업의 성과에 영향을 미치는 요인 중 환경이 중요한가 아니면 내부적 요인이 중요한가에 대해 오랫동안 논쟁이 이어지고 있다. 이러한 논쟁을 일정 부분 해소하기 위해 해당 논문이 작성되었다고 주장할 수 있다.

여기에서 논쟁을 해소하는 방법은 적어도 두 가지가 있을 수 있는데, 먼저 한편의 주장이 일반적으로 옳다는 것을 뒷받침하는 실증 또는 이론적 연구를 수행할 수도 있고, 또는 상황에 따라 결과가 다를 수 있다는 것을 보여주는 실증 또는 이론적 연구를 수행할 수도 있다. 즉 오랜 기간 동안 지속된 대립 관계가 존재하는데, 해당 연구가 그 대립 관계를 해소하는 새로운 관점을 제시한다고 설명하면 해당 연구주제의 중요성은 비교적 쉽게 확보될 수 있다. 물론 지나치게 고전적인 주제에 대해 이 방식을 적용하면 주제의 참신성이 부족하다는 지적을 받을 수 있다.

주제의 중요성을 강조할 수 있는 두 번째 방식은 해당 주제와 관련된 실무적 의미가 크다는 것을 설명하는 것이다. 예를 들어 해당 주제와 관련된 산업의 경제적 중요성이 높다, 특정 계층의 기본적 권리와 직결되는 문제이다 등의 현실적 중요성을 제기하는 방식이다. 이 방식을 택한다면 서두에 제시하는 자료는 학술적 자료보다는 통계적 또는 정부 보고서 자료가 제시되기 쉽다. 물론 이 경우 결론에서는 학문적 공헌점과 함께 실무적 또는 정책적 공헌점이 강조되어야 한다 (제2장과 제10장 참조).

주제의 중요성을 강조할 수 있는 세 번째 방식은 현상에 의존하기보다 **논리적 또는 규범적**으로 접근하는 방식이다. 이것은 기술적 접근법과 대조되는데, 특정 주제가 우리나라의 품격과 직결되는 문제라고 주장하든지, 새로운 특정 기술이 우리의 삶을 바꾸

규범적 대 기술적

규범적(normative) 표현은 논리적, 도덕적, 또는 상식적으로 가치 판단이 담긴 것을 표현하는 것이다. 그 반대 개념인 기술적(descriptive) 표현은 현상을 사실 그대로 표현하는 것을 의미한다. 예를 들어 '도둑질은 하면 안 된다'는 문장은 규범적 표현이고, '도둑질이 증가했다'는 기술적 표현이다. 일반적으로 규범적 표현을 위해 기술적 자료를 근거로 주관적 판단까지 더해야 하므로 학술 논문에서 규범적 표현은 가급적 기피된다.

어 놓을 수 있는 주제라고 주장하는 등 우리가 일반적으로 가치 있게 여기는 정치, 경제, 사회문화 등의 이슈를 다룬다고 주장한다. 만약 해당 논문에서 다루고 싶은 주제가 미래에는 중요하게 여겨질 수 있는 새로운 현상이라면, 이 방식을 선택할 수 있다.

그러나 이 방식은 앞의 두 방식과 비교하여 주제의 중요성을 설명하기에 어려울 수 있다. 앞에서 예로 든 돌탑 쌓기의 비유를 사용하자면 논리적 또는 규범적 접근법은 맨땅에 새로운 돌을 놓겠다는 선포와 다름없다. 이 경우 독자(논문이 투고되었다면 심사위원)는 과연 이 주제가 학술 논문의 주제로 적절한가에 대해 주관적으로 평가해야 하는데, 단지 새로운 현상만을 설명한다면 그 중요성을 평가하기 어렵게 마련이다. 그러므로 아무리 새로운 현상을 다룬다 할지라도 그 현상과 관련된 이론적 의미를 설명해야 한다.

우리는 이미 '전략 4'에서 선행연구는 실제적 현상이 아니라 이론적 속성으로 검색한다는 것을 배웠다. 연구주제가 단지 실제적 현상이라 하더라도 결국 이론적 속성을 찾아서 선행연구를 검색해야 하기 때문에, 기왕 할 바에는 서론의 첫 부분에서도 이러한 이론적 속성을 제시하는 것이 바람직하다. 즉 새로운 현상을 다루는 논문에서 주제의 중요성을 강조하는 방식은 단지 '이 현상이 새롭다'고 설명하기보다는 해당 현상이 가진 이론적 속성을 설명하는 것이 중요하다.

선행연구의 흐름

서론의 두 번째 부분(문단)은 해당 연구주제와 관련된 선행연구의 흐름을 보여준다. 이미 서론의 첫 번째 부분에서 연구주제가 중요하다는 것을 설명했지만, 그 중요성은 해당 주제에 대한 선행연구가 충분히 많다는 것을 보여주는 것으로 재확인된다. 즉 서론 두 번째 부분의 역할 중 한 가지는 실제 선행연구의 흐름을 보여줌으로써 주제의 중요성을 재확인시키는 것이다. 단순히 말해서 해당 주제와 관련 깊은 선행연구를 열 개 정도 제시한다면 주제의 중요성을 충분히 입증한다고 볼 수 있다.

또한 이러한 의미에서 서론에서의 선행연구의 흐름은 본론의 흐름과 밀접한 관련이 있다(제2장 참조). 대부분의 경우 이 지점에서 본론의 소제목에 등장하는 개념이 소개되며, 본문에서 인용되는 많은 선행연구가 소개된다. 이를 통해 독자는 본 연구가 어떠한 흐름 속에 자리 잡고 있는지(즉 돌의 아래쪽에 어떠한 돌들이 놓여있는지) 파악하게 된다.

이 부분이 갖는 또 하나의 중요한 역할은 해당 연구의 차별점을 강조하기 위한 기초 공사를 구성한다는 것이다. 즉 서론의 세 번째 부분으로 이어지는 과정에서 해당 연구의 좌표를 알려주는 지도와 나침반의 역할을 한다.

본 연구의 차별점

서론에서 회피해야 할 것

- 선행연구의 부재에 대한 막연한 주장
- 본 연구가 조사하는 내용을 적시하지 않음
- 새로운 자료 사용을 지나치게 강조

서론의 세 번째 부분(문단)은 해당 논문이 어떠한 차별적 내용을 담고 있는지를 설명하는 역할을 한다. 이미 두 번째 부분에서 기존의 선행연구가 어떠한 연구들을 수행했는가에 대해 기술했으므로 이러한 흐름에서 해당 연구가 새롭게 수행한 연구를 간단하게 설명하면 된다. 다만 여기에서 범하기 쉬운 몇 가지 실수들을 나열하면 다음과 같다.

첫째, 해당 연구의 차별점을 제시하는 방식으로서 단지 "본 주제에 대한 연구는 충분히 진행되지 않았다."라는 설명은 불충분하다. 사실 많은 연구에서 습관적으로 사용되는 문구가 바로 이 문구인데, 이 문구는 선행연구의 흐름을 충실히 제시한 다음에야 비로소 사용 가능하다. 왜냐하면 연구자가 선행연구를 충분히 검색하지 못한 채 (주로 '낚시 방식'을 이용해서, 제3장 참조) 해당 연구의 주제가 참신하다고 잘못 주장할 수 있기 때문이다.

연구의 차별점을 가장 뚜렷하게 제시하는 방법은 바로 해당 연구와 가장 유사한 연구(즉, 키 페이퍼)를 인용한 다음에 그 연구와의 차이를 보여주는 것이다. 그런데 해당 연구와 가장 유사한 연구를 인용하지 않고 "본 주제에 대한 연구는 진행되지

선행연구가 없다고 단언할 수 있을까?

않았다."라고 용감하게 말한다면, 그것은 무책임한 것이다. 노련한 심사자는 이러한 문구가 발견되는 경우 곧바로 연구자의 노력이 충분하지 않았다고 판단한다.

 전략 8. 그저 "충분한 선행연구가 존재하지 않는다."라는 표현은 피한다.

논문 쓰기 팁

연구의 차별점 강조하기

그저 "충분한 선행연구가 존재하지 않는다."라고 하는 대신 어떤 표현을 사용해야 연구의 차별점을 자연스럽게 부각시킬 수 있을까? 여기에는 적어도 두 가지 방법이 존재하는데, 먼저 외부 환경의 변화에 따라 기존의 연구가 확장되어야 할 주제에 대해 자연스럽게 제시하는 것이다. 예를 들어 사물인터넷이 대중화된 시대 상황을 강조하면서, 인용된 기존 선행연구를 확장하여 새로운 연구가 필요하다고 주장한다면 설득적인 차별점을 제시할 수 있다. 즉 확장의 방향에 대해 구체적으로 제시하는 것이다. 다음으로 선행연구들의 결과를 비교하면서 서로 상충되는 결과를 제시하여 이에 대한 추가 연구가 필요하다고 주장하는 것이다. 두 방법 모두 선행연구에 대한 꼼꼼한 분석이 필요하다. 그저 "충분한 선행연구가 존재하지 않는다."라고 말하는 것은 충분하지 않다.

둘째, 해당 연구가 실제로 조사하는 내용을 구체적으로 기술해야 한다. 쉽게 말해, '어떤'이라는 단어를 피하도록 한다. 예를 들어 "본 연구는 한국의 창업기업들이 '어떤' 애로점을 갖는지에 대해 조사한다.", "본 연구는 예술가들이 '어떤' 과제에 당면하고 있는가에 대해 조사한다." 등의 표현을 피하는 것이다. 그 대신 "본 연구는 기업의 창업 과정에 관련된 애로점을 조사했다.", "본 연구는 예술가의 전업이 예술 분야별로 상이한 성과를 가져오는가에 대해 조사했다." 등으로 표현하도록 한다.

두 표현 방식의 차이점은 무엇일까? 전자의 표현 방식은 열린 질문(open question)으로서 질문이 구체적이지 않다. 그러므로 그에 따르는 조사방법이나 결과의 범위도 구체적이지 않다. 연구자는 단지 기본적 질문을 할 뿐이고 해당 연구의 차별점이 충분히 표현되지 않는다. 그러나 후자의 표현 방식에서는 연구의 초점과 조사 내용이 구체적으로 드러난다. 창업기업의 애로점에 대해 창업 과정을 기준으로 살펴본다(이러한 방식의 연구는 이전에 없었다)는 것을 강조하거나, 예술 분야별로 예술가의 전업 여부가 성과에 영향을 미치는가에 대해 조사하겠다(이러한 방식의 연구는 이전에 없었다)는 것을 강조하는 것이다. 특히 전업이 성과에 미치는 영향이 있는지에 대해 조사한다는 의미는 말 그대로 영향이 있는지, 아니면 없는지에 대해 그 여부를 조사하겠다는 것으로서 닫힌 질문(closed question)을 제시하는 것이다. 이렇듯 구체적인 내용을 중심으로 연구의 차별점을 설명하는 것이 '어떤'이라는 열린 표현을 사용하는 것보다 훨씬 낫다.

셋째, 연구의 차별점은 대개 이전에 생각하지 않았던 새로운 성격의 변수를 사용하거나 새로운 개념을 도입하는 방식으로 이루어진다. 어떤 경우에는 새로운 자료(국가 또는 산업)를 사용하거나 새로운 방법론(통계처리 또는 사례조사)을 활용하는 것에서 차별점을 강조하기도 한다. 그러나 단지 새로운 자료나 방법론을 사용했다는 것만으로 차별점의 중요성이 확보되지 않을 수 있으므로 주의해야 한다.

본 연구의 구성(진행 순서)

마지막 부분(문단)에서는 논문의 진행 순서를 소개한다. 이 부분에서 설명할 내용은 거의 정해져 있어서 대개 기계적으로 작성된다. 예를 들어 "본 논문은 다음과 같이 진행된다. 먼저 본론에서는 …에 대해 설명하고 …에 대한 가설(모델)을 설정한다. … 자료를 이용하여 … 분석을 수행한 다음 결론을 도출한다. 또한 학문적 시사점과 본 연구의 한계점을 제시한다."이다. 즉 중요한 내용을 소개하기보다는 논문 목차를 정리하는 정도의 역할을 한다고 할 수 있다.

요약하자면, 서론은 해당 연구의 중요성과 차별점을 미리 알려주는 부분으로서 제목의 개념들을 반복하여 제시하고, 결론에서 설명할 내용을 암시한다. 잘 작성된 서론은 연구 결과를 제외한 모든 정보를 포함하고 있다. 서론의 첫 문장으로 논문의 모든 내용을 포괄하는 경우도 있다. 즉 하나의 간결한 문장으로 연구 주제의 중요성을 표현하면서 논문의 학문적 의의까지 암시하기도 한다(이러한 학술 논문은 거의 문학의 영역에 속한다고 본다). 멋진 서론은 논문 전체의 품격을 높인다.

논문 쓰기 팁

서론 첫 문장의 중요성

학술 논문은 매우 건조하고 직설적으로 작성되어야 하지만(제12장 참조), 그렇다고 해서 함축적인 문장을 사용하지 말아야 한다는 의미는 아니다. 간결하지만 그 의미가 분명히 드러나는 문장을 사용하면 가장 좋다. 그러한 문장이 가장 필요한 장소는 바로 서론의 첫 부분이다. 대개 첫 문장은 논문 전체의 내용을 함축하는 경우가 많다. 왜냐하면 서론의 첫 문단은 주제의 중요성을 보여주는 문단이고, 그 첫 문장은 첫 문단을 요약하기 때문이다. 많은 연구자들은 첫 문장을 함축적으로 작성하기 위해 고민한다. 마치 소설가가 장편 소설의 첫 문장을 쓰기 위해 고민하듯 말이다.

제 5 장

본론 쓰기

전략 9.   본론에서는 개념을 정의하고 설명하기 위해서, 모델/가설에서는
         개념 사이의 관계에 대해 설명하기 위해서 선행연구를 인용한다.

직렬식과 병렬식 서술의 차이

본론은 서론에 이어 본격적으로 논문의 이론적 토대를 쌓아가는 부분이다. 돌탑의 비유를 사용하자면, 아래에 놓인 돌들과 새로 놓는 돌 사이에 접착제를 바르면서 자리를 잡게 하는 과정이라고 할 수 있다. 즉 새로운 돌이 기존의 돌들과 빈틈없이 연결될 수 있도록 시멘트를 발라서 한 몸을 만드는 과정이다. 이 과정을 통해 연구자가 수행하는 연구가 기존의 연구와 어떠한 연속성을 갖는가에 대해 설명한다. 이 때문에 본론의 서술 과정을 영어로 'Theory Building'이라고 부른다. 해당 연구가 갖는 이론적 구조를 기존 연구를 통해 만들어간다는 뜻이다.

　본론을 작성하는 데 도움이 되는 점들을 순서대로 설명하면 다음과 같다.

> **Theory Building**
>
> Theory Building은 해당 연구의 이론적 틀을 형성하는 것이다. 선행연구를 많이 인용하게 되지만 단지 선행연구를 요약해서 정리하는 것은 Theory Building이 아니다. 기본적으로 Theory Building은 모델/가설을 제시하기 위한 해당 논문의 차별된 이론 체계를 형성하는 것이다.

> **본론의 흐름**
>
> • 넓은 범위에서 좁은 범위로
> • 동일한 개념은 동일한 언어로
> • 다리를 놓아가며

넓은 범위에서 좁은 범위로

본론에서 가장 중요한 덕목은 흐름이다. 대개 논문의 분량 중에서 본론이 가장 긴 부분을 차지하는데, 흐름이 없다면 논문의 생동감이 없어지고 심한 경우 독자가 전혀 이해하지 못하는 논문이 되기도 한다. 학술 논문에 생동감이 웬 말이냐고 할지도 모르지만, 생동감이 없는 논문은 그다음에 등장하는 모델 또는 가설로 논문의 주제를 이어가는 원동력을 잃게 된다. 또한 학술지에 투고되는 논문인 경우 심사자의 이해도를 저하시켜서 학술지에 게재될 확률도 낮다. 그러므로 좋은 논문은 본문에서 명백한 이론적 흐름을 보여주어야 한다.

전류의 흐름을 비유하자면 논문에도 직렬식과 병렬식 흐름이 있다고 할 수 있다. 직렬식은 하나의 개념 내에서 그다음의 개념을 소개하고, 그 안에서 또 다른 개념을 소개하는 방식이다. 물론 문학에서는 점증법이라고 해서, 예를 들어 서울 → 한국 → 아시아로 범위를 확장하는 기법을 사용하기도 하지만 학술 논문의 본론에서는 아시아 → 한국 → 서울과 같이 점차 좁은 범위로 구체화시키는 방법을 사용하는 경우가 많다. 왜냐하면 그다음에 등장하는 모델 또는 가설에서 설명하는 개념들이 다른 논문과는 차별화되는 매우 한정된 개념일 것이므로(즉 아시아에 대한 연구이기보다는 서울에 대한 연구), 이 개념을 이해시키기 위해서 첫 부분에서는 사람들이 쉽게 이해할 수 있는 넓은 범위의 개념부터 시작해서 점차 관심의 범위를 좁혀가는 방식을 택하기 때문이다. 물론 서울을 대상으로 하는 연구를 위해 홍대입구 → 마포구 → 서울로 범위를 넓히는 흐름을 구성할 수도 있는데, 이 경우는 '홍대입구'라는 개념을 사람들이 매우 잘 알고 있어야 한다.

이와 비교하여 병렬식은 개념의 범위가 좁아지는 흐름을 택하기보다는 개념의 분야를 전환하면서 흐름을 만드는 것이다. 예를 들어 서울을 주제로 하는 연구를 소개하기 위해 아시아 → 한국 → 서울의 흐름을 만들기보다 뉴욕 → 도쿄 → 서울의 흐름을 만드는 것이다. 이 방식은 서로 독립적일 수 있는 변수 또는 개념들을 소개하는 방식으로 적합하다. 논문에 등장하는 모든 개념들이 다른 개념을 포함하거나 또는 다른 개념에 포함되는 것은 아니므로 어느 정도의 병렬식 전개는 불가피하다. 따라서 일반적으로 넓은 범위에서 좁은 범위로 흐름을 잡는 가운데 한정적으로 병렬식 흐름을 만드는 것이 현실적으로 필요할 수 있다.

논문 쓰기 팁

소제목의 흐름

본론 소제목의 흐름은 그대로 연구의 이론적 전개를 보여준다. 그래서 초보 연구자가 선행연구의 내용을 파악하기 위해 사용할 수 있는 방법 중 하나는 선행연구의 본론 소제목을 직접 손으로 옮겨 쓰는 것이다. 특히 영어 논문을 읽을 때에 효과적이다. 이렇게 함으로써 선행연구의 내용을 파악하고 기억할 수 있다. 약간 여유를 두고 적어놓으면 나중에 그 논문을 다시 읽을 기회가 있을 때에 이전에 적어놓은 소제목 아래에 내용을 추가하여 더 선명하게 논문의 내용을 기억할 수도 있다.

동일한 개념은 동일한 언어로

학술 논문, 특히 본론에서는 연구의 흐름을 설명하기 위해 많은 선행연구를 인용하게 된다. 그런데 논문을 처음 써보는 많은 초보자들은 어떤 논문을 선행연구로 인용해야 하는지, 어떻게 인용해야 하는지 잘 알지 못한다. 여기에서는 두 가지 주의할 점을 강조하기로 한다.

선행연구 인용에서의 주의점

- 내가 작성하는 논문에서의 용어 통일이 중요
- 본론과 모델/가설에서의 선행연구 인용은 목적이 다름

첫째, 단지 동일한 단어가 사용된 논문을 선행연구로 인용한다고 잘못 이해하기 쉽다. 그러나 단순하게 동일한 단어가 사용된 논문을 인용하면 매우 잘못된 인용이 될 수 있다. 사실 이 내용은 실제로 논문을 써보기 전까지는 이해하기 어려울 수 있다. 가장 먼저 이해해야 할 것은 학술 논문에서는 개념 또는 용어의 정의와 의미가 매우 중요하다는 것이다. 그래서 어떤 의미를 위해 하나의 용어를 사용하면 동일한 의미를 나타내는 부분에 동일한 용어를 사용해야 한다. 예를 들어 어떤 사물의 속성을 나타내기 위해 '형태'라는 용어를 사용했다면 동일한 의미를 사용하는 부분에

개념의 통일성은 매우 중요하다

는 반드시 '형태'라는 용어를 사용해야 하며, 유사어라 하더라도 '형식'이나 '형상' 등의 용어를 사용하면 안 된다. 만약 형태, 형식, 형상 등을 혼용하여 사용한다면 독자는 어떤 것이 동일한 개념이고 어떤 것이 상이한 개념인가에 대해 혼란을 겪게 된다. 이것이 아마도 문학적인 표현과 학술적인 표현의 대표적인 차이점이라 할 것이다.

그런데 다양한 선행연구는 다양한 저자에 의해 작성되었으므로 그들이 사용한 용어는 모두 다를 수 있다. 즉 연구자 A가 어떤 논문에서 사용했던 '형태'는 연구자 B가 다른 논문에서 사용했던 '형식'과 동일한 개념일 수 있는 것이다. 또한 그 반대의 경우로서, 연구자 A가 어떤 논문에서 사용했던 '형태'와 연구자 B가 다른 논문에서 사용했던 '형태'는 상이한 개념일 수 있다. 각 용어는 해당 논문에서 정의되기 때문이다. 학술 논문이 갖는 이러한 특성이 본문에서 갖는 의미는 무엇인가? 그것은 바로 선행연구를 인용할 때에 해당 개념의 진정한 의미에 맞는 선행연구를 찾아서 인용해야 한다는 것이다. 단순하게 동일한 단어만 찾으면 오히려 잘못된 인용을 하게 된다.

또한, 다른 논문을 내 연구에서 인용할 때에 다른 논문의 저자가 사용한 표현을 그대로 옮겨야 한다고 믿는 것도 잘못이다. 물론 학술적으로 인정받은 중요한 개념들을 그대로 사용해야 하는 것은 사실이지만, 의미의 손상이 없는 한 내 연구에서 사용하는 표현으로 바꾸는 것이 당연하다. 그렇게 함으로써 내 연구 내에서 용어의 일관성을 지킬 수 있다. 역설적으로, 이러한 이유 때문에 선행연구의 전통을 일정 부분 지키는 것이 중요하고, 기존에 통용되는 개념들을 사용하지 않고 불필요하게 신조어를 만들어내는 것을 회피해야 한다. 만약 기존의 선행연구에서 보편적으로 사용되었던 용어를 그 의미대로 내 연구에서도 동일하게 사용한다면 위에서 설명한 용어 전환의 번거로운 과정을 생략할 수 있기 때문이다. 내 연구에서 사용하는 기존의 용어들이 선행연구에서 보편적으로 사용되었던 기존의 의미를 갖는다는 것을 확증한다면, 이제 독자들은 내가 사용하는 새로운 용어에만 집중할 것이고 따라서 내 논문의 가독성은 훨씬 높아질 것이다.

둘째, 논문 전체에 있어서 선행연구를 인용하는 이유는 부분에 따라 다소 다르다. 서론과 본론에서는 개념의 의미를 설명하기 위해 선행연구를 인용한다. 그러나 모델(질적 연구)/가설(양적 연구) 부분에서는 개념과 개념의 관계를 설명하기 위해 선행연구를 인용한다.

선행연구를 인용하는 이유가 무엇인지를 이해하기 약간 어려울 수 있지만, 각 부분의 역할을 생각하면 이해가 불가능하지는 않다. 앞에서 '형태', '형식', '형상' 등 용어의 의미가 어떤 경우에는 동일할 수도 있고 어떤 경우에는 상이할 수도 있다고 언급했는데 이러한 개념의 정의에 대한 정리는 대개 본론 부분에서 이루어진다. 초록과 서론에서는 본론에서 정의하는 개념들을 먼저 선보이게 된다.

이제 모델/가설 부분으로 넘어가면 이렇게 정의된 개념들 사이의 관계에 대해 설명하게 된다. 그런데 관계에 대해 설명하기 위해서는 관계에 대한 선행연구의 인용이 필요할 수 있다. 그러므로 본론에서는 개념의 의미를 설명하는 선행연구를, 모델/가설에서는 개념 사이의 관계를 설명하는 선행연구를 인용하는 것이다. 물론 개념의 의미를 설명하는 선행연구와 개념 사이의 관계를 설명하는 선행연구는 많은 부분 자연스럽게 중첩된다. 그러나 반드시 중첩되는 것은 아니다. 본론에서 인용되는 선행연구가 초점을 맞추는 부분은 의미이고, 모델/가설에서 인용되는 선행연구가 초점을 맞추는 부분은 관계라는 것을 명심해야 한다.

전략 9. 본론에서는 개념을 정의하고 설명하기 위해서, 모델/가설에서는
개념 사이의 관계에 대해 설명하기 위해서 선행연구를 인용한다.

논문 쓰기 팁

개념의 출처

모델/가설 부분에서는 해당 논문의 분야와 다른 분야의 선행연구를 인용하는 경우도 흔히 볼
수 있다. 예를 들어 경제학에서 사용되는 '시그널'과 도시공학에서 사용되는 '시그널'은 전혀 다
른 현상을 설명하는(경제학에서는 시장의 신호, 도시공학에서는 교통신호) 의미이지만 '타인
에게 긍정적 영향을 미치는 현상'이라는 의미로 가설을 세우는 문화예술경영학 분야 논문의
가설 부분에서 인용할 수도 있다. 즉 모델/가설 부분에서는 특정 분야에서의 의미보다 훨씬 더
보편적인 의미에서 개념과 개념의 관계를 설명하기 위해 타 분야의 연구를 선행연구로 인용할
수 있다.

다리를 놓아가며

본론을 잘 쓰기 위한 세 번째 덕목은 다리 놓기이다. 여기에서의 다리는 접속 관계
를 의미한다.

앞에서 설명했듯이 본론은 대체로 논문에서 가장 긴 부분을 차지한다. 그리고 대
개 소제목들이 사용된다. 그런데 어떤 경우에는 심지어 소제목을 설정했음에도 불
구하고 독자들이 본론의 흐름을 이해하는 데 어려움을 겪을 수 있다. 즉 직렬식이나
혹은 보완적인 병렬식 제목을 마련했다 하더라도 본론의 흐름을 파악하기 힘들 수
있는 것이다. 이러한 경우 큰 도움이 될 수 있는 것이 바로 지시어와 접속어이다. 지
시어와 접속어를 잘 활용하면 논문의 일체성과 가독성을 크게 높일 수 있다. 이에
대해서는 제12장에서 자세히 살펴볼 것이다.

대신 여기에서는 반복의 효과에 대해 집중적으로 살펴보기로 한다. 새로운 소제

목으로 새로운 개념을 소개할 때에 독자가 혼란을 겪지 않게 하는 방법으로서 앞 문단의 마지막 부분과 뒤 문단의 첫 부분에서 동일한 단어를 사용하여 다리를 놓을 수 있다. 이 방법은 어찌 보면 매우 비효율적이라고 생각되기 쉬운데, 동일한 내용을 소제목을 가운데 두고 반복하기 때문이다. 그러나 학술 논문의 본문에서 논리의 흐름을 이어갈 때에는 독자가 길을 잃게 하기보다는 다소 지루하더라도 반복하는 것이 더 낫다. 다음의 두 사례를 비교해 보자.

사례 1

2.3. 창업 과정과 창업자의 애로점

……

앞에서 설명한 바와 같이 창업 과정에서의 애로점은 산업 발전 단계별로 각각 분석할 수 있다. 창업자는 각 단계 특유의 문제에 직면하여 생존을 위해 다양한 노력을 해야 한다.

2.4. IT 분야에서의 창업자의 애로점

정보기술 분야는 다른 분야에 비해 급속한 변화를 겪는다는 특성을 갖는다(홍길동, 2014). 급속한 변화에 직면한 창업자는 그 산업환경 내에서 여러 자원을 결합하여 경쟁 우위를 획득하려는 노력을 할 수 있다.

……

사례 2

2.3. 창업 과정과 창업자의 애로점

……

앞에서 설명한 바와 같이 창업 과정에서의 애로점은 산업 발전 단계별로 각각 분석할 수 있다. 창업자는 산업 발전의 각 단계 특유의 문제에 직면하여 생존을 위해 다양한 노력을 해야 한다. 이제 여러 분야 중 산업의 변화 속도가 빠른, 즉 각 단계 특유의 문제가 부상하는 주기가 짧은 IT 산업을 중심으로 창업자가 직면하는 애로점에 대해 설명하기로 한다.

2.4. IT 분야에서의 창업자의 애로점
앞에서 산업 발전에서의 특정 단계는 창업자에게 특유의 문제를 발생시킨다
고 설명하였다. 이제 여러 분야 중 발전의 주기가 짧은 산업의 구체적인 예에
초점을 맞추기로 한다. 정보기술 분야는 다른 분야에 비해 급속한 변화를 겪
는다는 특성을 갖는다(홍길동, 2014). 급속한 변화에 직면한 창업자는 그 산
업환경 내에서 여러 자원을 결합하여 경쟁 우위를 획득하려는 노력을 할 수
있다.
......

사례 1과 비교하여 사례 2에서는 몇 개의 문장을 추가하여 2.3과 2.4를 연결하는
노력을 하고 있다. 밑줄 그은 부분이 그 추가 문장이다. 앞부분에서는 2.3이 설명한
내용에서 벗어나 어떠한 새로운 내용으로 진행될 것인가를 암시하고 있고, 뒷부분
에서는 2.4에서 설명할 내용을 소개하고 있다. 크게 추가된 내용은 없으나 단지 다
리를 놓아 방향을 제시하는 것만으로도 독자들이 주제 전환에서 겪을 어려움을 없
애줄 수 있다.

제 6 장

질적 연구 : 모델

전략 10. 사례연구의 경우, 본론과 모델 부분에서는 사례 대상을 언급하지
않는다.

사례연구의 함정에 빠지지 않도록 주의하자

본 장과 다음 장에서는 질적 연구의 경우와 양적 연구의 경우로 구분하여 설명한다. 제6장은 질적 연구를 진행하기 위한 모델 제시에 대해, 제7장은 양적 연구를 진행하기 위한 가설 제시에 대해 설명한다.

질적 연구를 수행하는 초보 연구자가 범하기 쉬운 가장 일반적인 실수는 질적 연구를 스토리텔링 정도로 간주하는 것이다. 예를 들어 질적 연구의 유형 중 하나인 사례연구에 대해 경영학 분야에서는 특정 기업의 성공 스토리를 소개하는 정도로, 문화예술경영학 분야에서는 특정 축제나 공연의 성공 스토리를 소개하는 정도로 착각하는 경우를 종종 발견한다. 이를 위해 해당 기업 또는 축제의 자료를 잔뜩 수집하여 나열한 다음 성공 요인에 대해 나름대로의 결론을 도출하는 것이다. 제1장에서 설명했듯이 이러한 글쓰기는 학술 논문이 아니라 리포트에 불과하다. 이러한 글쓰기의 문제점을 살펴보자.

첫째, 이러한 잘못된 방식으로 작성되는 원고를 보면 이론에 대한 언급이 거의 없는 것을 볼 수 있는데, 어쩌다가 본문에서 기업 또는 축제의 성공에 대한 일반적인 이론들을 소개한다 하더라도 사례 부분에서는 앞에서 소개한 이론과는 거의 무관하게 특정 기업이나 축제의 자료만을 나열하는 것을 흔히 볼 수 있다. 특히 기업의 연혁이나 조직도를 길게 소개하는 특징을 갖는다. 이 과정에서 논문의 일관성이 심각하게 저하된다. 즉 본문에서 제시하는 이론들과 무관한 기업 또는 축제의 연혁이나 조직도를 지루하게 제시하는 것 자체가 해당 연구자는 학술 논문의 작성법을 숙지하지 못하고 있다는 것을 보여준다. 연혁이나 조직도가 해당 연구의 핵심 사항이 아니라면, 이 부분은 기업 또는 축제와 관련된 부분만큼만 제시되어야 한다.

둘째, 잘못된 방식으로 작성되는 원고의 공통점은 핵심 개념에 대한 선행연구가 부재한다는 것이다. '전략 4'에서 강조했듯이 학술 논문은, 그것이 질적 연구이든 양적 연구이든, 실제적 현상이 아니라 이론적 속성을 중심으로 진행되어야 한다. 만약 사례연구를 성공 스토리의 소개 정도로 생각했다면 이 원고에는 이론적 속성이 존재하지 않을 것이고 따라서 선행연구도 존재하지 않을 것이다(사실 사례연구의 제목만 봐도 이론적 속성이 존재하는지에 대해 알 수 있다). 이 경우 서론과 본론에도 제대로 된 선행연구의 인용이 이루어지지 않을 것임을 쉽게 짐작할 수 있다.

셋째, 잘못된 방식으로 작성되는 원고에는 연구모델을 설명하는 부분이 아예 없을 가능성이 높다. 사례를 분석하기 위해 사용하는 이론적 틀이 없으면 연구모델에 대해 설명할 내용이 없기 때문이다. 이처럼 연구모델을 설명하는 독립된 공간이 없다면 그 논문은 학술 논문의 체계를 갖추고 있지 않다고 추측할 수 있다.

본 장에서는 모델이 무엇을 의미하는가, 그리고 모델 부분에 어떤 내용을 작성해야 하는가에 대해 살펴보기로 한다.

질적 연구에서의 모델의 필요성

앞에서 설명했듯이 질적 연구는 단순한 성공 스토리의 소개가 아니다. 엄밀히 말해서 질적 연구는 기존의 이론적 모델을 사례 등 질적 자료로써 검증하는, 매우 엄격한 이론적 논문이다. 새로운 사례를 소개하는 질적 연구는 기존 이론적 모델의 설명력을 검증하는 과정이고, 그 과정에서 이 새로운 사례를 통해 기존 모델이 어떻게 개선되어야 하는가에 대한 주장을 담게 된다.

이를 위해 연구자에게는 그가 발견한 새로운 사례를 특정 모델의 관점에서 바라

모델의 중요성

보는 시각이 필요하다. 예를 들어 경영학 분야의 경우, 정보기술을 이용한 창업 사례를 소개하는 사례연구를 수행하기 위해서는 기존 창업모델의 관점에서 정보기술 창업기업을 분석할 수 있다. 문화예술경영학 분야의 경우, 정보기술을 이용한 축제 사례를 소개하는 사례연구를 수행하기 위해서는 기존 축제기획 모델의 관점에서 정보기술 축제를 분석할 수 있다.

만약 어느 연구자가 본인이 분석하는 사례가 너무나 혁신적인 것이라서 이용할 수 있는 기존 모델이 존재하지 않는다고 주장한다면, 그 연구자는 이론적 훈련이 덜 되어서 적절한 모델을 알지 못하거나 또는 기존 모델을 알고는 있으나 적용할 능력이 부족한 경우일 확률이 높다. 둘 다 연구자의 능력 부족을 의미한다. 현상에 따라 새로운 모델을 만들어야 한다면 이 세상은 쓸데없는 모델로 가득 찰 것이고, 돌탑이 쌓이는 대신 바닥에 흩뿌려진 돌만이 가득할 것이다. 간혹 특별한 사정에 의해 기존의 이론과 무관한 본인만의 모델을 만드는 경우, 예를 들어 전문가 의견을 통해 지표를 만든 다음 그 지표를 분석의 틀로 사용하는 경우도 있는데('그라운드 이론'을 이런 방식으로 오용하는 경우가 종종 있다), 제1장에서도 설명했듯이 평지에 새롭게 돌을 놓는 행위는 해당 분야의 대가에게 맡기기로 하자. 기존 이론이 없다는 것은 핑계일 뿐이다.

대가가 아닌 연구자들이 학문에 기여할 수 있는 가장 일반적인 방법은 쌓여있는 돌들(즉 선행연구) 위에 사례분석을 수행하는 하나의 돌을 올려놓아 돌탑을 조금 더 높게 쌓고, 후속 연구가 이를 기반으로 탑을 더 높게 쌓을 수 있는 토대를 제공하는 것이다. 학문의 새로운 지평을 여는 위대한 연구는 일단 보류하자.

모델 적용의 예

그렇다면 과연 모델을 어떻게 적용할 수 있는지 살펴보기로 하자. 이를 설명하기 위해 우리에게 익숙한 모델들을 이용하기로 한다. 분야별로 매우 다양한 모델들이 존재하지만, 일반인에게 익숙한 경영 관련 모델로서 오스터왈더와 피그누어의 비즈니스 모델 캔버스, 포터의 가치사슬 모델, 바니의 VRIO 모델의 예를 들어보기로 한다. 물론 이러한 모델들은 실무에 적용하는 모델이기 때문에 학술 논문에서 사용하기에는 부적절하다. 하지만 모델이 무엇을 의미하는가, 그리고 이것을 어떻게 적용해야 하는가에 대해 쉽게 설명하기 위해 이용하는 것이니 실무적 모델이라는 단점을 가급적 회피하면서 설명을 이어가도록 하겠다.

모델은 하나의 현상과 또 다른 현상을 비교하는 기준의 집합이다. 예를 들어 비즈니스 모델 캔버스는 기업의 활동을 요약하는 아홉 가지 요인들을 통해 다른 기업과의 차별점을 발견하도록 한다. 아홉 가지 요인의 핵심적 위치에 있는 가치제안(value proposition)을 중심으로 나머지 요소들이 상호작용하는 방식을 분석할 수 있도록 구성되어 있다. 즉 비즈니스 모델 캔버스를 이용하는 연구자는 이 아홉 가지 요인을 기준으로 사례분석 대상을 바라보게 된다. 따라서 사례분석 대상을 분석하는 방식에 대한 선행연구도 이 비즈니스 모델 캔버스를 이용했던 연구들, 또는 아홉 가지 요인을 이용했던 연구들 중에서 찾을 수 있다.

비즈니스 모델 캔버스

핵심파트너	핵심활동	가치제안	고객관계	세분고객
	핵심자원		유통경로	
비용구조			수익흐름	

....

비즈니스 모델 캔버스

비즈니스 모델 캔버스는 구매자가 제품을 구입하는 동기를 효과적으로 충족하는 기업이 성공한다는 가정을 가지고 있다. 구매자가 제품을 구입하는 동기는 다양하다. 저렴한 가격일 수도 있고, 편리함일 수도 있으며, 대접받는다는 느낌일 수도 있다. 이러한 동기를 충족하는 것은 기업에 제시하는 '가치제안'에 녹아있어야 하고 이 가치제안을 실현하기 위해 비용 측면의 3개 요인(핵심파트너, 핵심활동, 핵심자원)과 수익 측면의 3개 요인(유통경로, 고객관계, 세분고객)이 효율적으로 연결되어야 한다고 주장한다. 이러한 요인들은 비용구조와 수익흐름에 반영된다. 즉 다양한 기업활동을 9개의 요인으로 정리하면서 기업들 사이의 차별화 방식을 정리하는 모델이 비즈니스 모델 캔버스이다.

마찬가지로 포터의 가치사슬 모델은 기간활동과 보조활동으로 분류되는 가치활동을 중심으로 기업이 가치를 창출하는 과정에 대해 다른 기업과의 차별점을 발견할 수 있도록 한다. 비즈니스 모델 캔버스와의 차이점은, 그 모델이 가치제안이라는 핵심적인 개념을 중심으로 구성되어 있다면 가치사슬 모델은 그러한 핵심적 개념은 존재하지 않지만 직접적으로 이익을 창출하는 기간활동과 간접적으로 가치를 창출하는 보조활동으로 구분한다는 것이다. 다음 그림에서 하부에 있는 활동들은 기간

가치사슬 모델

인사, 조직, 법무 등 하부구조					
연구개발					
구매전담활동					
구매	제조	보관	판매	AS	이윤

활동, 상부에 있는 활동들은 보조활동의 예이다.

마지막으로 VRIO 모델은 기업자원의 가치(V), 희소성(R), 모방 불가능성(I), 조직배태성(O)에 대한 평가를 통해 해당 자원이 기업의 경쟁력에 미치는 영향을 분석하는 모델로서 이 모델을 이용하는 연구자는 VRIO의 렌즈를 통해 사례분석 대상을 바라보게 된다. 즉 기업이 보유한 자원을 가치, 희소성, 모방 불가능성, 조직배태성이라는 기준으로 평가하고, 그 결과를 다른 기업과 비교하게 된다. 선행연구도 각 모델을 이용했던 연구들을 중심으로 인용하게 되고, 사례분석 대상의 성과에 대한 해석도 각 모델이 포함한 요인을 중심으로 해석하게 된다.

VRIO 모델

기업자원	V	R	I	O	경쟁우위의 수준
자원 1	No	-	-	Yes	경쟁열위
자원 2	Yes	No	-	Yes	경쟁등위
자원 3	Yes	Yes	No	Yes	임시적 경쟁우위
자원 4	Yes	Yes	Yes	Yes	지속적 경쟁우위

논문 쓰기 팁

VRIO 모델

VRIO 모델은 기업이 보유하거나 보유할 수 있는 특정 기업자원이 해당 기업의 경쟁력에 미치는 영향에 대해 설명한다. 이 모델은 순차적인 분석방법을 제시하는데, 먼저 분석 대상 기업자원이 주어진 환경하에서 가치가 있는지를 평가하고, 가치가 있다고 평가된 자원에 대해 다른 경쟁기업들도 동일하거나 유사한 자원을 보유하고 있는지(희소성)에 대해 평가한다. 가치와 희소성이 존재한다고 할 때, 해당 자원이 다른 경쟁기업들에 의해 모방되기 어려운지에 대해 평가한다. 만약 분석 대상 기업자원의 가치에 대해 기업의 경영자들이 충분히 인식하고 있다면(조직배태성이 존재) 그 기업자원은 해당 기업에 지속적 경쟁우위를 창출할 수 있다.

위의 세 가지 모델이 무엇인지, 어떤 용도로 사용할 수 있는 것인지에 대해서는 여기에서 설명을 생략하기로 하자. 인터넷을 검색해 보면 쉽게 알 수 있다. 일단 논문 작성자는 이러한 모델에 근거하여 분석하고자 하는 사례들을 분석하고 비교한다. 그리고 그 결과를 논문의 결론에 기술하여 후속 연구자의 선행연구로 활용될 수 있게 한다.

예를 들어 비즈니스 모델 캔버스를 통해 두 개의 축제를 체계적으로 비교한 결과, 핵심활동이 활발했던 축제가 고객관계가 활발했던 축제보다 더 성공적이었다는 것을 발견했다면 해당 연구는 "축제 사례연구를 통해 핵심활동이 고객관계보

결론은 사례의 요약이 아니다

다 더 중요한 요인이라는 것을 발견했다."라는 결론을 도출할 수 있을 것이다. 또는 VRIO 모델을 활용했다면 그 사례분석의 결과, 축제 A가 축제 B보다 더 성공적이었던 이유에 대해 "축제 A가 보유했던 강점이 모방이 힘든 성격이었기 때문이었다는 것을 발견했다."라는 결론을 도출할 수도 있을 것이다. 이런 식으로 각 모델에서 사용하는 방식에 맞추어 사례를 설명하면 현실과 모델이 얼마나 일치하는지, 또는 어떤 점이 상이한지에 대해 발견하여 이를 해석하는 결론을 도출하게 된다.

요약하자면, 질적 연구의 한 유형인 사례연구는 단순히 사례를 소개하는 연구가 아니라 모델을 적용하여 현상을 해석하는, 이론이 깊이 적용되는 연구이다. 사례분석을 통해 모델의 예측력이 검증됨으로써 후속 연구의 연구주제를 던지게 된다. 이것은 얼마나 중요한 이론적 공헌인가!

사례 대상의 등장 시점

사례연구의 전개 과정에서 모델과 사례분석은 어떻게 다른 것인가? 물론 앞에서 설명한 대로 질적 연구의 틀을 제시하는 것은 모델이고 실제 사례 대상을 제시하는 것은 사례분석이기 때문에 적어도 개념적으로 두 부분이 구분되는 것은 확실하다. 그렇다면 두 부분이 어떻게 명확히 구분되는 것일까?

결론부터 말하자면 서론, 본론과 모델 부분까지는 사례 대상(해당 기업/기관/축제/행사/프로그램의 이름)이 등장하지 않고 사례를 분석하는 이론적 개념만 언급된다. 예를 들어 어느 연구가 한국과 중국의 미술관을 비교하는 사례연구라고 한다면, 모델 부분까지는 한국과 중국의 특정 미술관들이 등장하지 않는다. 연구에서 분석하고자 하는 특정 미술관은 사례분석에서 비로소 등장하게 된다. 이것이 바로 모델과 사례분석의 차이점이다.

 전략 10. 사례연구의 경우, 본론과 모델 부분에서는 사례 대상을 언급하지 않는다.

그렇다면 논문에 있어서 모델 부분까지는 사례 대상에 대해 전혀 언급하지 않는 것일까? 물론 그렇지 않다. 제목, 초록, 서론에서는 사례 대상의 이름이 자연스럽게 언급된다. 제목은 논문 전체의 주제 및 사례 대상을 제시하고, 초록은 사례 대상과 연구방법을 요약하며, 서론도 사례 대상을 언급하기 때문이다. 그러나 본론에 접어들면 사례 대상이 아니라 선행연구의 이론적 흐름에 집중하게 되므로 사례 대상의 이름은 등장하지 않는다. 모델에서도 마찬가지이다. 선행연구를 토대로 해당 연구가 제시하는 이론적 틀이 소개되는 이 모델 부분에서는 사례 대상의 이름을 언급할 필요가 없다. 오히려 사례 대상이 언급되는 순간, 해당 연구의 모델이 객관적으로 수립된 것이 아니라 특정한 사례 대상을 위해 자의적으로 수립되었다는 의심을 받게 된다. 이것은 학술 논문에게 있어서 치명적 오류가 될 수 있다. 질적 연구를 수행하는 연구자는 양적 연구에 대해 설명하는 제7장을 건너뛰고 사례분석 부분의 구체적인 작성을 다루는 제8장으로 넘어가도록 하자.

제 7 장

양적 연구 : 가설

전략 11. 가설의 학문적 가치는 선행연구의 검토를 통해 찾는다.

전략 12. 하나의 가설에서는 하나의 관계만 검증한다.

전략 13. 다양한 조절변수에서 연구의 공헌점을 찾는다.

학문적으로 가치가 있는 가설을 세워야 한다

연구자가 양적 연구를 수행한다면 'I 서론'과 'II 본론' 다음에 일반적으로 등장하는 부분은 'III 가설'이다. 물론 논문의 분량이 10장 이하로 짧거나 매우 단순한 내용으로 구성된다면 'II 본론'과 'III 가설'을 통합하여 'II 본론 및 가설' 등으로 진행할 수도 있다. 본론에 대해서는 앞에서 설명하였으므로 여기에서는 가설 부분에 초점을 맞추어 설명하기로 한다.

가설의 속성

가설은 연구자가 양적 연구를 통해 발견하고자 하는 관계를 설명하는 문장이다. 다음과 같은 가설을 생각해 보자. 가설은 'A가 크면 B가 크다'는 단순한 구조를 갖는다. 물론 여기에서 시작하여 좀 더 복잡한 구조를 가질 수도 있다.

- 키(A)가 크면 발(B)이 크다.
- 키(A)가 크면 혈압(B)이 높다.

두 개의 가설은 서로 비슷하게 보이지만 사실 매우 다른 성격을 갖는다. 첫 번째 가설은 키와 발 크기의 관계에 대한 가설이다. 만약 어느 연구자가 이 가설을 세우고 "어떤 사람은 키가 크지만 발이 크지 않은 경우도 있다. 그러므로 이것은 학문적으로 검증할 가치가 있는 가설이다."라고 주장했다고 하자. 이것에 대해 당신은 어떻게 평가하겠는가?

결론적으로 말해서 이것은 검증할 가치가 없는 가설이다. 그 이유는 키가 큰 사람은 발이 클 것이 당연하기 때문이고, 그것은 어느 사람이 가진 유전자라는 동일한 원인으로 말미암아 나타나는 상이한 결과일 뿐이기 때문이다. 즉 검증할 필요가 없는 지극히 당연한 이치이다. 만약 연구자가 "예외도 있다."라고 우긴다면 그 예외적 상황에 대한 가설을 세워야 한다. 예를 들어 "키가 크지만 영양 결핍인 경우에는 발이 크지 않다."라는 등 검증할 만한 예외적 상황을 가설에서 설정하여야 한다. 즉 이 가설에서 핵심적인 내용은 키와 발 크기의 관계가 아니라 영양 결핍과 발 크기의 관계이다.

이에 비해 두 번째 가설은, 적어도 필자가 아는 한, 신장과 혈압 사이에는 의학적으로 직접적인 관계가 없기 때문에 일단 가설의 조건은 갖추고 있다. 즉 적어도 지극히 당연한 이치는 아니다.

이처럼 가설의 속성상 피해야 하는 '지극히 당연한 이치'는 'tautology'라고 한다. 우리말로 **동어 반복** 또는 **유사어 반복**이라고 번역할 수 있다. 키가 큰 것과 발이 큰 것은 동일한 유전자에 기인한 공통된 결과이므로 검증할 필요가 없는 동어 반복에 해

> **동어 반복**
>
> 동어 반복은 인과 관계의 검증이 필요 없는 동일한 의미의 개념들의 관계를 마치 인과 관계가 없는 것처럼 여기면서 그 관계를 검증하려고 시도하는 것이다.

당한다. "발이 크면 신발이 크다."라는 가설도 동어 반복에 해당한다. 이에 대해 "어떤 사람은 발이 작아도 큰 사이즈의 신발을 신기 때문에 검증할 가치가 있다."라고 억지 주장을 한다고 해서 동어 반복의 문제가 사라지는 것은 아니다.

신장이나 발의 크기, 그리고 신발의 크기 간 관계

에 동어 반복의 문제가 있다는 것은 비교적 쉽게 이해할 수 있지만, 사실 사회과학에서 동어 반복의 문제는 생각보다 발견하기 힘들 수 있다. 예를 들어 다음의 가설을 생각해 보자.

- **가설 1. 마케팅 부서의 능력이 좋으면 기업의 성과가 좋다.**

이 가설은 전형적인 동어 반복의 문제를 가지고 있다. 기업의 성과를 매출액으로 측정한다고 할 때, 마케팅 부서의 능력이 좋은 기업의 매출액이 높게 마련이고, 따라서 마케팅 부서의 능력과 기업의 성과는 결국 일치하게 마련이기 때문이다. 어떤 연구자가 "마케팅 부서의 능력이 좋아도 망하는 기업이 있다."라고 우긴다고 해서 이러한 동어 반복의 문제가 해결되지는 않는다.

물론 제2장에서 설명한 주제 세분화 과정은 이러한 동어 반복의 문제를 부분적으로 해결해 줄 수도 있다. 예를 들어 광범위한 '마케팅 부서의 능력' 대신 '마케팅 부서의 내부적 네트워킹 능력', '마케팅 부서의 대외 네트워킹 능력' 등으로 구체적인 변수를 설정하고 기업의 성과도 '매출액'뿐 아니라 '순이익'으로 설정한다면, 이제 다음과 같이 구체적인 가설을 세울 수 있다.

- **가설 1.1. 마케팅 부서의 내부 네트워킹 능력과 매출액은 정(+)의 관계를 갖는다.**
- **가설 1.2. 마케팅 부서의 외부 네트워킹 능력과 순이익은 정(+)의 관계를 갖는다.**

한 가지 참고할 점은 '마케팅 부서의 능력'에 대한 가설을 설정할 때의 본문의 흐름과 '마케팅 부서의 내(외)부 네트워크의 수준'에 대한 가설을 설정할 때의 본문의 흐름은 매우 상이하다는 것이다. 전자의 경우 핵심어는 마케팅이고 후자의 경우 핵심어는 네트워크이다. 이 두 개념은 매우 상이하며, 따라서 인용해야 하는 선행연구도 상이하다.

가설에서의 이슈는 동어 반복의 문제만이 아니다. 동어 반복의 문제가 없는 가설이라도 이 가설이 과연 학문적 가치가 있는가에 대해 끊임없이 자문해야 한다. 예를 들어 키가 크면 혈압이 높다는 가설이 과연 학문적 가치가 있는 가설인가, 마케팅 부서의 외부 네트워킹 능력과 순이익의 관계를 살펴보는 것이 과연 가치가 있는 것인가에 대해 검토해야 한다. 그렇다면 이러한 학문적 가치를 검토하여 판단하는 기준은 어디에서 찾아야 하는가? 그것은 바로 선행연구이다.

 전략 11. 가설의 학문적 가치는 선행연구의 검토를 통해 찾는다.

사실 선행연구에서 찾을 수 있는 것은 가설의 학문적 가치만이 아니다. 학술 논문에 어떻게 문장을 만들어야 하고 문단의 흐름을 잡아야 하며 오류가 없는 표현을 할 수 있는가에 대한, 거의 모든 질문에 대한 해답이 선행연구에 나와있다. 모방은 창조의 어머니라고 했던가. 좋은 선행연구를 많이 읽는 것만큼 중요한 것은 없다.

논문 쓰기 팁

가설과 선행연구

논문 쓰기 초보자들이 가장 쉽게 범하는 잘못 중 하나는 가설을 세울 때에 본인의 관심사에 지나치게 의존하는 것이다. 물론 관심이 없는 것을 논문의 연구주제로 삼을 수는 없다. 그러나 일단 본인이 흥미를 갖는 주제를 발견했으면 그 주제에 대해 어떤 선행연구가 이루어졌는가를 파악하는 것은 필수적이다. 그런데 어떤 사람들은 선행연구를 찾아보지 않고 논문을 쓰려 한다. 이것은 마치 지도 없이 신대륙을 찾아 망망대해로 출항하는 것과 같다('전략 3' 참조). 선행연구를 찾지 않으면 사례분석을 위한 모델을 세울 수도 없고 실증분석을 위한 가설을 세울 수도 없다. 논문의 주제에 대해 폭넓게 탐색하는 브레인스토밍 단계에서는 선행연구를 참고하지 않은 모델이나 가설을 만들어 볼 수는 있지만 주제를 구체화하는 단계에서는 선행연구를 필수적으로 읽어보아야 한다. 해당 주제에 대해 선행연구들이 어떠한 결과를 발견했는가를 살펴보면 연구자가 세우는 가설의 학문적 가치에 대해 판단할 수 있다.

가설의 형태에 대해 참고할 또 하나의 이슈는, 가설은 대개 복수의 독립변수(A)와 단일한 종속변수(B)의 관계라는 것이다. 여기에서 **독립변수**는 영향을 미치는 변

수, **종속변수**는 독립변수의 영향을 받아서 결정되는
변수를 말한다. 이를 단순히 표시하면 다음과 같다.

독립변수

독립변수는 가설의 두 변수 간
관계에 있어 영향을 미치는 것
으로 예측되는 변수이다.

(A는 독립변수, B는 종속변수)

종속변수

종속변수는 가설의 두 변수 간
관계에 있어 영향을 받아서 결
정되는 것으로 예측되는 변수
이다.

예를 들어 앞의 "키가 크면 혈압이 높다."라는 가
설에서 키(영향을 미치는 변수)는 독립변수, 혈압(영
향을 받는 변수)은 종속변수이다.

한 연구에 대개 가설은 2개 이상인데, 많은 경우에 있어서 이들 가설의 독립변수
는 상이하고 종속변수는 동일하다. 예를 들면 다음과 같다.

- 가설 1. 키(A1)가 크면 혈압(B)이 높다.
- 가설 2. 잠(A2)을 오래 자면 혈압(B)이 높다.
- 가설 3. 외근(A3)을 하면 혈압(B)이 높다.

여기에서 독립변수는 사람의 여러 측면(외형, 생활패턴, 직업)이고 종속변수는
건강상태(혈압)이다. 즉 외형(A1), 생활패턴(A2), 직업(A3)이 각각 건강상태(B)에 미
치는 영향에 대한 연구이고, 여기에서의 주된 관심사는 바로 건강상태, 즉 종속변수
이다. 이 종속변수에 어느 요인이 영향을 미치는가에 초점을 맞추게 된다. 많은 연
구는 이러한 구조를 갖는다.

만약 독립변수가 단수, 종속변수가 복수이면 어떻게 될까? 예를 들면 다음과
같다.

- 가설 1. 키(A)가 크면 혈압(B1)이 높다.
- 가설 2. 키(A)가 크면 당뇨 수치(B2)가 높다.
- 가설 3. 키(A)가 크면 콜레스테롤 수치(B3)가 높다.

종속변수가 두 개?

이러한 구조의 가설 체계도 불가능하지는 않다. 즉 혈압(B1), 당뇨 수치(B2), 콜레스테롤 수치(B3)라는 세분화된 건강상태에 대한 종속변수를 설정하는 경우, 주된 관심사는 독립변수에 맞춰지게 되고 본문의 가장 중요한 선행연구도 독립변수에 대한 것이어야 한다. 그런데 이 경우 본문의 흐름이 어색해지게 마련이다. 즉 단일한 종속변수에 영향을 미치는 다양한 독립변수에 대해 본문의 흐름이 이어지는 것이 일반적인 반면, 단일한 독립변수의 영향을 받는 다양한 종속변수에 대해 본문의 흐름을 만들다 보면 논문이 산만해질 수 있다. 그러므로 가급적 하나의 논문에서는 하나의 종속변수에 초점을 맞추도록 한다. 만약 관심을 갖는 종속변수가 두 개라면 즐거운 마음으로 두 편의 논문을 쓰면 된다.

논문 쓰기 팁

복수의 종속변수가 정당화되는 경우

대개 하나의 논문에는 하나의 종속변수가 등장한다. 성격이 다른 두 개의 종속변수를 다루려면 논문을 두 편 쓰는 것이 자연스럽다. 그러나 두 개 이상의 종속변수가 존재하는 논문도 가끔 볼 수 있다. 이에 해당하는 대표적인 경우는 다음과 같다.

복수의 종속변수 측정 모델이 허용되는 경우

- 두 개 이상의 인과 관계가 등장할 때
- 하나의 종속변수가 다양하게 측정될 때

첫째, 두 개 이상 변수들의 인과 관계에 대해 검증할 때이다. 하나의 원인이 어떤 결과를 가져오는데, 그 결과가 또 다른 결과를 가져온다는 것을 검증하고 싶을 때에 첫 번째 결과와 두 번째 결과에 대한 가설을 설정하게 된다. 이것은 곧이어 설명할 매개변수의 개념과 밀접한 관련이 있다.

둘째, 하나의 종속변수를 측정하는 방법이 다양할 때이다. 이때에 각각의 측정 방식에 대한 가설을 세울 수 있고 이것은 외양상으로 상이한 종속변수인 것처럼 보인다.

그렇다면 앞에서 예로 든 혈압, 당뇨 수치, 콜레스테롤 수치를 종속변수로 하는 연구는 어느 경우에 해당할까? 바로 두 번째의 경우에 해당한다. 혈압, 당뇨 수치, 콜레스테롤 수치는 넓은 범주에서 성인병 현상으로 묶일 수 있다. 그러므로 이 가설은 '키(A)가 크면 성인병(B) 발병 확률이 높다'라는 것을 혈압(B1), 당뇨 수치(B2), 콜레스테롤 수치(B3)로 구분하여 표현했다고 볼 수 있다.

가설을 세울 때에 명심해야 할 것은 하나의 가설은 하나의 관계만을 담아야 한다는 것이다. 예를 들어 다음과 같은 가설을 생각해 보자.

- **가설 1. 키(A)가 크면 혈압(B1)이 높고 당뇨 수치(B2)가 높다.**

또는 다음과 같은 가설은 어떨까?

- **가설 2. 키(A)가 크면 잠(D)을 오래 자서 혈압(B)이 높다.**

결론적으로 말해서 이 두 가설은 올바른 가설이 아니다. 가설 1에서 '~고'라는 병렬 관계를 사용하면 이 가설이 검증하려는 관계가 불분명하게 된다. 만약 키(A)와

제 가설이 너무 단순하지 않나요?

100점!

단순한 문장의 가설이 좋은 가설이다

혈압(B1)의 관계는 존재하는 것으로 나타났지만 키(A)와 당뇨 수치(B2)의 관계가 존재하지 않는 것으로 나타난다면, 이 가설은 지지된 것인가, 아니면 기각된 것인가? 즉 가설 1은 각각의 관계를 검증하는 두 개의 가설로 분리되어야 한다.

가설 2에서는 '~서'라는 인과 관계를 나타내면서 큰 키(A)의 결과를 잠(D)을 오래 자는 것으로, 그리고 다시 잠을 오래 자는 것의 결과를 혈압(B)이 높은 것으로 설정했다. 만약 검증 결과 키와 수면시간의 관계가 유의하게 나타났지만 수면시간과 혈압의 관계가 유의하지 않게 나타났다면, 이 가설은 지지된 것인가, 기각된 것인가? 즉이 경우도 두 개의 가설을 별도로 설정하여 각각의 관계에 대해 검증해야 한다.

매개변수

매개변수는 독립변수가 종속변수에게 영향을 미치는 이유로서 추정되는 변수이다. 이때 매개변수의 영향을 고려하면 독립변수가 종속변수에게 직접적으로 미치는 영향력이 사라지거나 감소한다.

특히 가설 2의 경우, 키와 혈압의 관계를 검증한 다음 그것이 유의하기 때문에 가설 2가 지지되었다고 주장한다면 그것은 중대한 오류이다. 중간에 '잠을 오래 자서'라는 이유를 포함시켰기 때문이다. 가설에서는 관계의 존재만을 검증하지 그 이유까지 검증하는 것이 아니다. 즉 키와 혈압 간 정(+)의 관계가 존재한다는 것의 이유가 수면시간이라는 것까지를 하나의 가설에서 검증할 수는 없다.

그렇다면 두 변수 간 관계의 이유에 대해 검증하는 방법이 있을까? 그것은 바로 '매개변수'의 유의성을 검증하는 것으로 가능하다. 간략히 설명하자면 A와 B의 관계가 D 때문이라는 것을 증명하기 위해서는 A와 B의 관계, A와 D의 관계, D와 B의 관계를 반복적으로 검증하는 것이 필요하다. 만약 키(A)와 혈압(B)의 관계만 검증해 놓고 그 중간에 있는 연결고리가 수면시간(D)이라고 무작정 단정 짓는 것은 잘못된 검증이다.

 전략 12. 하나의 가설에서는 하나의 관계만 검증한다.

가설의 진행

가설의 진행은 일관적이어야 한다. 본론이 넓은 주제에서 좁은 주제, 또는 특정 주제에서 인근 주제로 순차적으로 진행되어야 하는 것과 마찬가지로, 가설도 유사한 진행 순서를 갖는다. 또 한 가지 일반적인 진행 순서는 주된 독립변수에 대한 가설을 먼저, 보조적인 조절변수에 대한 가설을 나중에 제시한다는 것이다. 변수의 유형에 대해서는 제9장에서 양적 연구의 실증분석을 설명할 때에 상세하게 설명하고, 여기에서는 주된 독립변수와 보조적인 **조절변수**의 개념에 대해 간략히 설명하기로 한다.

> **조절변수**
>
> 조절변수는 독립변수가 종속변수에 미치는 영향을 증폭 또는 감소시키는 것으로 추정되는 변수이다.

앞에서 독립변수와 종속변수는 편의상 A와 B로 표시하고, 이를 A → B로 표시했다. 유사한 방식으로 조절변수 C를 표시하면 다음과 같다.

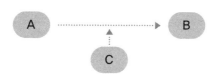

여기에서 C는 A와 B의 관계를 증폭시키는 역할을 한다. 예를 들어 'A가 크면 B 가 크다'의 관계에 있어서 C가 조절작용을 하면 'A가 클 때 C의 경우에는 B가 더 크 다'의 관계가 성립하게 된다.

예를 들어 다음과 같은 가설을 생각해 보자.

● **가설 1. 사람이 많이 사는 도시의 공해가 더 심할 것이다.**

여기에서 독립변수 A는 인구의 크기, 종속변수 B는 공해의 정도이다. 이것을 그 림으로 그리면 다음과 같다.

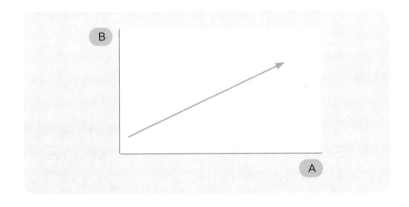

여기에 '서해안과 가까운 정도'의 조절변수를 추가해 보자.

● **가설 2. 사람의 수와 공해의 정도 간 관계는 이 도시가 서해안에 가까운 경우에 더 증 폭될 것이다.**

어느 도시가 서해안에 얼마나 가까운가를 측정하는 방법으로는 지구의 경도를 이용할 수 있다. 한반도는 서쪽으로 동경 124도와 동쪽으로 동경 132도 사이에 위 치한다. 이 변수를 조절변수 C라고 한다면 C가 작을수록 서해안과 가까운 것이다. 즉 서해안에 가까운 도시에서는 사람의 수가 증가할 때에 공해의 정도가 더 증가한 다는 가설을 세운 것이다. 이것을 그림으로 표시하면 다음과 같다.

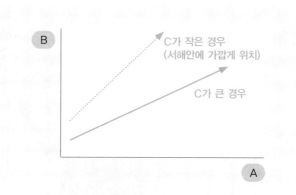

먼저 A와 B는 정비례 관계에 있다. 이것은 직선의 기울기가 (+)인 것이 보여준다. 그다음으로 C의 존재로 인해 이 기울기는 가파를 수도 있고 완만할 수도 있다. 이 그림에서는 C가 작은 경우 기울기가 더 가파르고 C가 큰 경우 기울기가 완만하다고 가설을 설정하고 있다. 요약하면, 가설 1에서 주된 독립변수 A의 방향(+)에 대해 가설을 제시하고, 가설 2에서 조절변수 C의 역할, 즉 여기에서는 C가 작을수록 기울기가 가파르다는 가설을 제시하는 가설 진행 방향을 보여주고 있다.

모든 경우에 있어서 조절변수를 이용하는 가설을 설정할 필요는 없다. 그러나 조절변수의 가설을 설정하기 위해 주된 독립변수의 가설을 먼저 설정해야 하는 것은 당연하다. 때에 따라서는 주된 독립변수의 가설보다 다양한 조절변수에 대한 가설을 검증하는 것에 연구의 공헌점이 존재하는 경우도 있다.

 전략 13. 다양한 조절변수에서 연구의 공헌점을 찾는다.

가설의 검증 결과

학술 논문을 처음 쓰는 연구자는 흔히 모든 가설이 '지지'되어야 하는 것이라고 착각한다. 더 심하게는 더 많은 가설이 지지될수록 더 좋은 논문이라고 착각하기도 한

모든 가설이 지지될 필요는 없다

다. 그 결과 10여 개의 가설을 설정하고 모두 지지되는 결과를 자랑스럽게 보여주기도 한다.

그러나 학술 논문의 가치는 지지되는 가설의 수에 달려있는 것이 아니다. 오히려 설정했던 복수의 가설 중에서 지지되는 가설과 지지되지 않는 가설의 차이에 대해 설명하거나 또는 지지되지 않는 이유에 대해 설명하는 과정에서 해당 논문의 가치가 드러나기도 한다. 일부 가설이 지지되지 않는 것은 매우 자연스러운 일인데, 가설을 세우기 위한 이론적 모형의 속성과 현실적인 자료의 속성이 반드시 일치할 필요는 없기 때문이다.

설정한 모든 가설이 지지되는 결과는 다음의 문제점을 내포할 수 있다. 첫째, 검증할 필요가 없는 동어 반복적인 가설을 설정했을 가능성이 있다. 가설이 지지되기 위해서는 유의수준 5% 또는 1% 등 통계적으로 매우 까다로운, 즉 우연히 통과되기는 거의 불가능한 기준을 적용한다. 이 어려운 기준을 모든 가설이 통과했다면, 어쩌면 본래 인과 관계가 존재하는 변수 사이의 관계를 가설로 설정했을 가능성을 충분히 점쳐볼 수 있다.

둘째, 본론에서 설명한 내용과 가설에서 설정한 내

> **모든 가설이 지지될 때의 잠재적 문제점**
>
> - 검증할 필요가 없는 동어 반복적인 가설 설정
> - 본론과 가설의 괴리
> - 자료 처리의 왜곡

용이 상이할 가능성이 있다. 본론까지는 훌륭하게 이론적 토대를 설명했는데 정작 가설에서 엉뚱한 가설을 설정하는 경우도 간혹 있다. 또는 제9장에서 설명할 개념 인 조작적 정의를 부적절하게 할 수도 있다. 즉 본론에 적합한 가설을 설정하지 않 거나 개념에 적합한 측정변수를 설정하지 않고 모든 가설이 지지되는 방향으로 의 도적으로 결과를 왜곡할 수 있다.

셋째, 가장 문제가 되는 경우로서, 가설이 지지되는 방향으로 자료 처리를 왜곡 하는 경우를 들 수 있다. 자료 수집의 범위를 고의적으로 축소하거나 일부 자료를 누락 또는 조작하는 경우를 포함한다. 이것은 연구 윤리에 대한 문제이므로 제15장 에서 다루기로 한다.

실증연구를 수행하는 연구자는 제8장을 건너뛰고 가설과 이어지는 실증분석을 설명하는 제9장으로 넘어가도록 한다.

제 8 장

질적 연구 : 사례분석

전략 14. 사례연구는 사례의 소개가 아니라 사례를 통한 모델의 검증이다.

사례의 개요는 짧게!

제6장에서 질적 연구를 수행하기 위해 모델을 세우는 방법을 배웠는데, 질적 연구 중에서 사례연구를 수행하는 경우에는 그다음 과정으로 사례분석을 진행하게 된다. 질적 연구 중에는 사례연구 이외에도 매우 다양한 연구들이 존재한다. 예를 들어 신문 기사를 수집하여 유형별로 분류하는 방식도 있고, 연구자가 원주민 등 연구 대상과 동고동락하며 연구를 수행하는 방식도 있다. 질적 연구는 연구의 목적을 달성하기 위한 매우 다양한 방법론을 보유하고 있다. 여기에서는 가장 단순한 형태의 하나인 사례분석만을 다루기로 한다. 그러나 여기에서 다루는 사례분석을 숙지한다면 다른 유형의 조사방법들을 배우는 데 큰 도움이 될 수 있다.

사례분석은 먼저 사례의 개요로부터 시작한다. 예를 들어 기업의 창립 배경과 연혁, 축제의 취지와 연혁, 미술관의 건립 목표와 전시 연혁 등에 대해 간단하게 설명할 수 있다. 그러나 여기에 너무 많은 공간을 할애해서는 안 된다. 분석 대상의 개요에 대한 설명은 전반적인 이해도를 높이기 위한 기초 자료에 불과하다.

모델과 사례분석

사례연구를 사례의 개요를 더 길고 자세하게 쓰는 것으로 오해하면 안 된다. 사례연구는 모델에서 제시한 이론적 틀을 토대로 분석 대상을 다차원적으로 세밀히 들여다보는 과정이다. '장님 코끼리 만지듯 하다'는 속담이 있을 정도로 우리가 어떤 대상을 총체적으로 파악하는 것은 어떤 경우에는 매우 어렵다. 연구자가 분석 대상을 파악하는 과정도 이와 유사하다. 체계적인 기준을 따라 조사하지 않으면 분석 대상에 대한 적절한 정보를 수집하기 힘들다. 적절한 정보를 수집하지 못하면 그것을 분석하는 과정에 오류가 발생한다.

예를 들어 다음의 연구주제를 생각해 보자.

- **한국의 A축제와 일본의 B축제의 비교 : 토속 신앙의 역할을 중심으로**

이 사례연구의 주제는 두 나라의 축제를 비교하되 비교기준은 토속 신앙의 역할을 중심으로 한다는 것이다. 제목에서 명확히 설명하고 있다. 그렇다면 이 사례연구의 본론에는 어떤 내용이 있을까? 아마도 토속 신앙의 일반적인 특성과, 한국과 일본에서의 토속 신앙의 의미, 그리고 두 나라를 비교하기 위한 토속 신앙의 하위 요소들을 소개할 것으로 추측할 수 있다. 또한 이것은 두 나라를 비교하기 위한 구체적인 모델로 이어질 것이다. 즉 구체적인 비교기준들을 포함하는 모델을 제시할 것이다.

그런데 만약 본론과 모델에서 토속 신앙에 대한 다양한 선행연구를 병렬적으로 나열하는 것에 그친다면 사례분석에서는 적절한 비교를 할 근거를 갖지 못하게 될 것이다. 또한 본론과 모델에서 구체적인 비교기준을 제시한다 하더라도 사례분석에서 그 비교기준들을 이용하지 않고 이와 무관하게 두 나라의 축제에 대한 일반적 서술로 그친다면 이 경우 역시 제목에서 제시한 연구주제를 충실히 수행할 것을 기대하기 힘들다. 즉 본론과 모델에서는 분석 대상(한국과 일본의 축제)을 체계적으로 조사/비교하기 위한 기준을 제시하고, 사례분석에서는 이 기준을 순서대로 철저하게 적용하여 분석 대상을 들여다보아야 한다. 그러지 않으면 논문의 독자는 이 사례가 분석되는 방식에 대해 길을 잃기 쉽다. 즉 두 개의 조건이 모두 충족되지 않는다면 사례분석은 특정 기업이나 축제 또는 미술관에 대한 자료 수집 보고서로 그치게된다. 이것은 논문이 아니다.

논문 쓰기 팁

사례분석의 함정

많은 초보 연구자들은 사례분석을 단지 사례를 소개하는 것으로 여긴다. 예를 들어 인공지능을 도입한 미술관이 신기해 보여서 이 미술관 사례에 대해 논문을 쓰겠다고 하거나, 드론이 배송업계에 적용되는 것이 신기해서 이 현상에 대한 사례연구를 하겠다고 한다면 학문적 가치가 없는 사례분석을 수행하는 함정에 빠질 수 있다.

물론 이러한 새로운 현상에 착안하여 논문의 주제를 구상할 수는 있다. 그러나 이러한 구상 이후에 바로 검색해야 하는 것은 이 새로운 현상에 대해 기존의 이론 또는 모델들은 어떻게 설명하는가에 대한 것이다. 예를 들어 인공지능이 미술관에 도입되는 것은 미술관의 기존 기능에 있어서 전시 기능에 대한 것으로 적용할 것인가, 보관 기능에 대한 것으로 적용할 것인가, 관객 개발에 대한 것으로 적용할 것인가, 또는 복합적인 것으로 볼 것인가에 대해 선행연구를 기반으로 살펴보아야 한다. 이러한 선행연구 검토 작업을 통해 미술관에 있어서의 인공지능이라는 사례에 이론적으로 접근할 수 있게 된다. 또한 배송업계에서의 드론 역시 자동화 기술에 대한 것으로 볼 것인가, 인적자원 관리에 대한 것으로 볼 것인가, 또는 복합적인 것으로 볼 것인가에 대해 선행연구를 기반으로 결정하고, 이에 대한 이론적 접근을 할 수 있다.

사례분석의 분량

연구자들은 분량을 감안하며 논문을 작성한다. 그런데 어떤 경우에는 짧은 내용을 늘리기 위해, 또 다른 경우에는 긴 내용을 줄이기 위해 고민한다. 석사논문을 작성하는 연구자는 대략 80장, 박사논문을 작성하는 연구자는 100~150장의 분량을 어떻게 채워야 할까 걱정하기도 하고, 반대로 학술지에 투고하는 연구자는 연구의 내용을 충실히 전달하면서 학술지가 제한하는 분량 내에(예를 들어 20장 이내) 어떻게 효과적으로 논문을 축약해야 할까 걱정하기도 한다. 이러한 경우에 사례분석의 분량은 좋은 완충 역할을 한다.

그렇다면 사례분석의 분량을 조절하는 방법은 무엇일까? 예를 들어 학위 논문을 작성하기 위해 사례분석에 20장을 할애하는 경우와 40장을 할애하는 경우의 차이점은 무엇이겠는가? 그것은 정보의 수준으로 설명할 수 있다. 모델에서 제시한 분석기준을 어느 정도의 깊이로 조사할 것인가에 대해 결정함으로써 분량을 조절할 수 있다.

앞에서 예로 든 축제의 경우를 살펴보자. 두 나라의 축제를 비교하기 위해 모델에서 토속 신앙의 비교 요인들을 의, 식, 주의 세 가지 요소들에 대해 설명했다고 가정하면, 사례분석에서는 이 세 가지 요소들을 적용할 수 있는 축제의 현상을 설명하게 된다. 만약 이 내용을 간략하게 설명하기로 연구자가 결정한다면 축제에서의 일상적 관습만 설명해도 좋을 것이다.

그러나 만약 이 논문의 작성자가 축제를 통해 두 나라 민족의 의식세계를 설명하는 깊은 차원의 시사점을 던지고 싶다면, 사례분석에서는 특정 관습이 발생한 동기와 더불어 두 나라의 민족성에 자리 잡은 깊은 의식에 대해서도 언급할 수 있다. 즉 축제라는 문화예술적 행위에서 더 나아가 사회학적, 종교학적, 인류학적 의미로 확장할 수 있다. 축제에서의 일상적 관습만 설명하는 경우에 비해 이 경우에는 사례분석의 분량이 세 배에서 다섯 배까지 길어질 수도 있다. 즉 동일한 정보라 할지라도 그 해석의 수준이 높아질수록 분량은 길어지고 시사점은 깊어진다.

논문 쓰기 팁

지도교수와 심사교수의 다양성

학위 논문을 작성하는 경우 대개 주된 지도교수는 한 명이지만, 이 지도교수는 다른 여러 교수의 지도를 받으라고 권유할 수 있다. 또한 논문 심사교수는 대개 석사의 경우 3명, 박사의 경우 5명 이상으로 구성되며 논문의 분야에 적합한 교내외 교수들로 구성된다. 이것은 논문의 내용을 다양한 시각에서 검토하기 위해 역사적으로 고안된 시스템이다.

이 시스템에 의하면 논문의 수준을 최고로 만들기 위해 가장 이상적인 경우는 각 분야 최고의 전문가들로부터 지도와 심사를 받는 것이지만, 이것은 사실 학생이 가장 기피하고 싶은 상황이다. 각 분야의 최고 전문가들은 각 분야에서 최고 수준의 기대를 가질 것이므로 빠른 시간 내에 학위를 취득하고 싶은 학생의 입장에서는 반갑지 않을 수 있다. 그래서 논문의 이론적 근거로 적용될 수 있는 분야는 다양함에도 불구하고 지도교수들이나 심사교수들은 한 분야에 편중되는 경향이 있다. 주된 지도교수의 지인들로 말이다. 현실적으로 이해되는 부분이 있지만, 논문의 수준을 높이기 위해서는 다양한 전문가의 도움을 받는 것이 바람직하다.

비판적 사례분석

사례분석은 본론과 모델에서 소개한 개념들을 적용하여 현상을 설명하는 부분이라고 했다. 그렇다면 사례분석 다음에 등장하는 결론과는 어떤 관계를 가져야 하는 것일까? 한 마디로 말해서 질적 연구에서의 결론은 사례분석의 결과를 요약하고 그 시사점을 설명하는 부분이다. 그러므로 사례분석에서 언급되는 내용들은 결론의 첫 부분에서 매우 간결하게 재등장한다.

그런데 많은 초보 연구자들의 논문을 보면 사례분석의 내용이 결론과 겉도는 것을 종종 볼 수 있다. 사례분석을 반영하지 않은 결론은 매우 당연한 일반적 주장을 담게 된다. 예를 들어 한국의 축제와 일본의 축제를 비교하는 논문을 작성하는 결론에서 그저 "축제는 민족의 전통을 담아야 한다." 또는 "한국과 일본은 앞으로도 각각의 문화를 계승하는 축제를 개발해야 한다."라는 지극히 당연한 주장만을 담는다면 이 논문은 도대체 왜 사례분석을 했는가에 대한 질문을 갖게 할 것이다. 즉 모델에서 제시한 이론적인 틀이 사례분석에 적용되면서 어떤 내용이 이론과 부합하는지, 어떤 내용이 이론과 부합하지 않는지에 대해 설명하는 것이 결론인데, 사례분석과는 관계도 없는 지극히 당연한 주장만을 결론에 담게 된다면 그것은 사례분석 부분이 제대로 작성되지 않았다는 증거로 볼 수 있다.

이러한 문제를 피할 수 있는 방법은 무엇인가? 그것은 사례분석을 비판적으로 하는 것이다. 즉 모델과 부합하는 현상만을 의도적으로 선택해서 사례분석을 하는 대

비판적 사례분석을 통한 이론의 검증이 필요하다

신, 논문에서의 사례가 과연 모델과 부합하는가를 검증하는 자세로 사례를 비판적으로 분석하는 것이다. 이러한 방법으로 수행된 사례분석은 모델과 부합하는 내용과 부합하지 않는 내용을 구분하여 기술할 수 있고, 그 결과 모델과 매우 밀접하게 관련된 사례분석을 할 수 있게 된다.

이 말은 궁극적으로 무엇을 의미하는가? 사례연구는 사실 사례를 소개하는 논문이 아니라 모델을 검증하는 논문이라는 의미이다. 사례분석은 이 본질적인 기능을 충실히 수행하는 방향으로 이루어져야 한다. 무비판적으로 사례를 소개하는 것은 신문 기사나 리포트이지 논문이 아니다. 논문의 본질은 기존 이론과 모델의 검증, 그리고 더 나은 방향으로의 수정이지, 새로운 사례의 소개나 바람직한 정책에 대한 개인의 주장이 아니다.

 전략 14.　사례연구는 사례의 소개가 아니라 사례를 통한 모델의 검증이다.

제 9 장

양적 연구 : 실증분석

전략 15. 존재하지 않는 자료에 집착하지 않는다.

전략 16. 설문지에서 지문을 사용할 때에는 가상의 상황을 창조한다.

전략 17. 모든 숫자가 숫자는 아니다.

조작적 정의는 양적 연구의 진수

본 장은 제7장에서 이어진다. 양적 연구를 위해 가설을 세우면 그것을 검증해야 하듯이 질적 연구에서도 모델을 세우고 검증하는 절차를 거치는데, 그 검증방법은 사례를 보여주는 것이다. 새로운 현상이 발견되었을 때에 그 새로운 사례가 기존의 이론 또는 모형에 의해 적절히 설명될 수 있는가에 대해 검증하는 것이 사례분석이다.

그러므로 양적 연구와 질적 연구는 기존 이론에 대한 검증이라는 의미에서 본질적으로 동일하다. 다만 질적 연구는 연구 대상이 희소하거나 복잡한 양상을 갖기 때문에 통계적 실증분석보다는 내용을 파악하는 것에 중점을 두는 연구이고, 양적 연구는 연구 대상의 수가 충분히(통계적으로는 30건 이상, 일반적 논문 쓰기의 수준에서는 현실적으로 대략 150건 이상) 많기 때문에 복잡한 내용 파악보다는 변수 설정에 의한 통계적 실증분석에 중점을 두는 연구이다.

여기에서 주의할 점은 통계적 실증분석이 단순히 통계자료를 제시하는 것은 아니라는 것이다. 쉽게 말해서, 제7장에서 설명한 가설을 검증하는 과정이 실증분석이다. 많은 논문 초보자들은 단순한 현황 자료 조사와 제시를 실증분석으로 오해한다. 예를 들어 한국의 인공지능 분야 창업 현황을 조사하여 제시하거나, 한국과 중국의 온라인 미술관 현황을 조사하여 제시하는 것은 신문 기사에서 볼 수 있는 내용이지 학술 논문에 적합한 내용은 아니다. 통계적 실증분석에는 이론적으로 설정한 가설을 검증하기 위해 자료를 수집하여 통계적으로 검증하는 과정이 포함되어야 한다. 자료 수집과 통계치 제시는 실증연구라 할 수 없다.

조작적 정의

> **조작적 정의**
>
> 조작적 정의를 한다는 것은 변수를 측정하는 방법을 정한다는 의미이다.

실증연구에서 가장 중요한 개념 중 하나로서 조작적 정의를 들 수 있다. **조작적 정의**를 한다는 것은 본론 또는 모델에서 설정한 개념을 변수로 사용할 때, 그 변수를 측정하는 방법을 정한다는 의미이다. 만약 연구자가 사람의 키를 변수로 사용한다고 하면 조작적 정의가 필요 없다. 이미 키를 재는 일반적인 방법이 정해져 있기 때문이다. 그러나 만약 연구자가 '반려동물을 사랑하는 정도'를 변수로 사용한다고 하면 조작적 정의를 설정해야 한다. 예를 들어 하루에 열 번 이상을 쓰다듬으면 높은 수준의 사랑, 열 번 미만을 쓰다듬으면 낮은 수준의 사랑으로 정의하는 것 등을 들 수 있다.

조작적 정의가 중요한 이유는 양적 연구에서 본론 또는 모델과 실증분석을 잇는 다리 역할을 하기 때문이다. 본론에서는 이론적 개념을 사용하여 Theory Building을 하게 된다고 앞에서 여러 번 강조한 바 있다. 이러한 이론적 개념은 실제 자료와 거리가 있게 된다. 예를 들어 반려동물에 대한 사랑을 주제로 하는 선행연구는 다수 존재할 것이다. 여기에서 '반려동물'이나 '사랑' 등은 이론적 개념이다. 그런데 실제로 논문의 저자가 가지고 있는 자료는 이러한 추상적인 개념이 아니라, '반려동물을 쓰다듬는 횟수'이다. 만약 '반려동물을 쓰다듬는 횟수'로 선행연구를 찾으면 몇 개나 찾을 수 있을 것인가?

많은 논문 작성자들은 조작적 정의의 개념을 이해하지 못해서 본론 쓰기에 어려움을 겪는다. 본인이 가지고 있는 자료가 어떤 것을 의미하는가에 대해 이론적 개념을 찾지 못해서 본론에 인용할 적절한 선행연구 및 이론적 흐름을 잡지 못하는 경우이다.

조작적 정의의 예

조작적 정의는 연구자가 직접 수집하는 자료에 있어서, 또는 기존 자료를 이용하는 경우에 있어서 모두 중요하다. 물론 설문조사를 통해 직접 묻는 경우에는 조작적 정의를 할 필요가 없다. 그러나 관찰을 통해 자료를 수집하여 해석하는 1차 자료의 경우, 창의적이면서도 적절한 조작적 정의가 필요하다. 예를 들어 외국의 어느 연구에서 '프랜차이즈 상점에서 근무하는 직원의 친절함이 매출액에 미치는 영향'을 살펴보기 위해 직원의 친절함을 조작적으로 정의하는 측정치로서 'smileness'를 사용한 경우가 있다. 즉 고객에게 웃는 정도[얼마나 활짝 웃는가, 얼마나 자주 웃는가, 얼마나 성의껏(?) 웃는가 등]는 친절을 측정할 수 있는 조작적 정의로 사용될 수 있다.

이쯤에서 양적 연구의 작성 순서에 대해 다시 한번 생각해 본다. 양적 연구의 논문 순서는 일반적으로 서론 → 본론 → 가설 → 실증분석 → 결론이다. 그러나 반드

논문 쓰기의 양 날개, 연구모형과 자료 수집

시 이 순서로 논문이 작성된다는 의미는 아니다. 논문이 작성되는 순서는 크게 두 가지로 분류될 수 있는데, 첫 번째는 연구모형이 먼저 구성되면서 그에 적합한 자료를 수집하는 것이고, 두 번째는 자료가 먼저 수집된 다음에 그 자료를 설명할 수 있는 적합한 연구모형을 구성하는 것이다. 그러나 실제로는 두 과정이 병행되어야 한다. 연구모형은 자료 수집의 진행과 함께 언제든지 수정될 수 있으며, 연구모형이 수정되면 그에 따라 새로운 자료 수집이 이루어진다. 두 유형의 차이는 단지 연구모형과 자료 수집 중 어느 활동이 해당 연구의 동기가 되었는가에 있을 뿐이다. 어떤 경우에는 선행연구를 읽다가 연구 아이디어를 떠올려서 논문 쓰기를 시작하기도 하고, 또 다른 경우에는 우연히 발견하게 된 자료에서 연구 아이디어를 떠올려서 논문 쓰기를 시작하기도 한다. 그러나 두 경우 모두 논문 쓰기의 과정에 있어서 연구모형의 수정과 참고문헌의 추가는 수시로 이루어지게 된다.

변수의 설정

질적 연구에서는 연구모형에서 변수라는 개념을 직접적으로 사용하지 않는 경향이 있지만, 결국 현상을 파악하는 구조를 의미한다는 점에서 양적 연구의 연구모형과 크게 다르지는 않다. 양적 연구에서의 연구모형은 한 마디로 독립변수와 종속변수의 관계를 의미하며 변수라는 개념을 직접적으로 사용한다. 이미 앞에서 독립변수, 종속변수, 조절변수, 매개변수에 대해서 간략하게 살펴보았으나 여기에서 다시 복습하기로 한다.

(A는 독립변수, B는 종속변수)

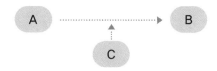

(A는 독립변수, B는 종속변수, C는 조절변수)

(A는 독립변수, B는 종속변수, D는 매개변수)

앞에서 설명했듯이 독립변수는 영향을 미치는 변수, 종속변수는 영향을 받는 변수이다. 예를 들어 다음의 가장 단순한 가설을 생각해 보자.

- 가설 1. 기업의 사회공헌활동 지출이 클수록 해당 기업의 매출이 높다.

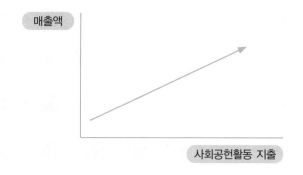

제7장에서 배운 대로 그림을 그리면 위와 같다. 여기에서 독립변수(A)는 사회공헌활동 지출액, 종속변수(B)는 매출액이다.

이제 조절변수를 도입하여 조금 복잡하게 가설을 변형해 보자.

- 가설 2. 사회공헌활동 지출과 매출액의 관계는 기업의 광고비가 클수록 더 강하다.

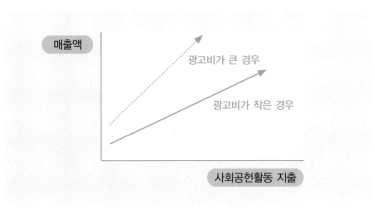

여기에서 조절변수(C)는 광고비 지출이다.

이제 매개변수를 도입해 보자. 매개변수는 독립변수가 종속변수에 영향을 미치는 경로를 보여주는 변수이다. 매개변수를 통해 강한 영향이 존재하고, 매개변수가 작용하지 않으면 그 영향력은 감소하거나 없어진다는 의미이다. 다음의 가설을 생각해 보자.

● **가설 3. 사회공헌활동 지출과 매출액의 관계에 있어서 기업에 대한 선호도는 매개 역할을 할 것이다.**

즉 사회공헌활동 지출이 많으면 기업에 대한 선호도가 높아지고, 그 결과 매출액이 높아진다는 의미이다. 여기서 만약 기업에 대한 선호도의 매개 역할을 제거한다면, 사회공헌활동의 지출이 높아도 매출액이 증가하지 않는다는 것이다.

통제변수는 독립변수 이외에 종속변수에 영향을 미칠 수 있는 다른 변수들을 의미한다. 통제변수는 연구에서 관심을 갖는 변수가 아니다. 예를 들어 사회공헌활동과 매출액의 관계에 대한 연구에 있어서 매출액에 영향을 미치는 무수한 다른 변수들, 예를 들어 기업의 이익률, 기업의 존속기간, 기업의 특허 수 등등은 사회공헌활동이라는 연구의 주제와 관련이 없지만 여전히 매출액에 중요한 영향을 미칠 수 있는 변수들이

> **통제변수**
>
> 통제변수는 독립변수 이외에 종속변수에 직접 또는 간접적으로 영향을 미칠 것으로 예측되는 변수들이다.

다. 이러한 통제변수들을 고려하고 그 영향력을 제거해야만 사회공헌활동이 진정 매출액에 영향을 미칠 수 있는 것인가에 대해 조사했다고 할 수 있다. 이것은 중요한 의미가 있는데, 통제변수의 영향을 제거하면 독립변수의 영향력이 사라지는 경우가 많기 때문이다. 통제변수를 포함한 연구모형은 다음과 같이 표기할 수 있다. (통제변수는 연구모형의 아래쪽에 별도로 표시한다.)

통제변수 : Z1, Z2, Z3 …

(A는 독립변수, B는 종속변수, Z는 통제변수)

1차 자료와 2차 자료

실증분석의 첫 부분에는 자료의 설명이 포함된다. 여기에서의 자료는 크게 1차 자료와 2차 자료로 구분할 수 있다. **1차 자료**는 연구자가 이 연구를 위해 직접 수집한 자료이며 대표적으로는 연구자가 수행한 설문조사 응답지가 있다. **2차 자료**는 다른 사람 또는 기관이 제공하는 자료로서 대표적으로는 국가가 수집한 통계자료, 연구소가 발표하는 각종 실태조사 자료, 상업적 조사기관이 정리하여 판매하는 연감, 또는 신문 기사에서 수집할 수 있는 자료 등이 있다.

1차 자료와 2차 자료 중 어느 유형의 자료가 연구자 입장에서 이용하기 쉬울까? 연구 초보자의 입장에서 보면 1차 자료, 예를 들어 설문조사를 통해 직접 수집하는 자료가 훨씬 쉬워 보일 것이고, 그 가장 큰 이유는 어떤 2차 자료가 존재하는지 알지 못하기 때문일 것이다. 이것은 당연한 일이다. 논문을 처음 작성하는 연구자에게 해당 연구주제에 적합한 2차 자료를 친절하게 소개해 줄 조언자는 세상에 존재하지 않는다.

만약 이미 존재하는 2차 자료를 이용할 수 있는

> **1차 자료와 2차 자료**
>
> 1차 자료는 연구자가 설문 등을 통해 직접 수집한 자료이고, 2차 자료는 다른 사람/기관이 수집하여 제공하는 자료이다.

연구주제를 찾으려 한다면 그 주제는 이미 논문으로 나왔을 가능성이 크다. 예를 들어 경제학 분야의 논문에서는 국민소득, 이자율, 환율, 수출액 등 거시적인 자료를 많이 이용하겠지만, 이러한 자료를 주된 변수로 이용한(예를 들어 한 국가의 화폐 가치와 수출액의 관계 등) 논문들은 이미 수백 년에 걸쳐서 무수히 많이 배출되었을 것이다. 새로 작성되는 논문에서는 이러한 변수들을 이용하되 논문의 주제에 맞게 새로운 방식으로 활용하거나(예를 들어 한 국가의 인공지능 산업의 비중과 제조업 수출 비중의 관계) 또는 새로운 변수를 만들기 위해 자료를 가공하는 작업(예를 들어 한 국가의 수출액 중 인공지능 관련 수출액의 비중과 이자율의 관계)이 필요하게 된다. 물론 이러한 연구주제들이 과연 이론적 토대가 있는 것인가에 대한 검토는 반드시 필요하다.

그렇다면 1차 자료를 이용하는 설문조사는 2차 자료 이용에 비해서 월등히 편리할까? 연구 초보자의 입장에서는 많은 경우에서 편리할 수 있다. 가장 큰 이유는 연구자가 알고 싶은 것을 그대로 설문지에서 물어볼 수 있기 때문이다. 2차 자료를 이용하는 것의 가장 큰 제한점은 해당 자료가 연구자가 원하는 정보를 그대로 담고 있지 않다는 것이다. 그러나 설문조사에서는 연구자가 원하는 정보를 그대로 질문에 담을 수 있다.

3차 자료는 없다

그러나 설문조사의 단점도 여전히 존재한다. 첫째, 연구자가 직접 수집하는 설문조사는 그 규모가 한정된다. 개인이 수행하는 설문조사 실증연구는 대개 150개에서 수백 개의 응답지를 기초로 하게 마련이다. 설문조사에 필요한 비용과 인력, 시간 소요 등은 개인의 능력에 제한될 수밖에 없기 때문이다. 정부나 기업이 지원하는 대규모 연구에서 많은 수의 연구진이 공동으로 수행하는 연구라면 이러한 제한이 완화될 수는 있지만, 초보 연구자가 이러한 공동연구에 참여할 기회는 적다. 그러므로 초보 연구자가 수행하는 설문조사는 최소 단위(대개 150개 응답지)로 진행되기 마련이고 연구주제도 이러한 소규모의 응답자에게 적합한 주제로 제한되기 마련이다.

둘째, 설문조사를 기반으로 하는 연구는 사람에게 물어보는 것이므로 의도 또는 평가에 대한 주제로 한정된다. 예를 들어 기업의 성과에 대한 변수를 이용하려고 할 때 "당신은 당신 기업의 매출액이 크다고 생각하십니까?"라고 물어보는 것은 어불성설이다. 매출액은 공식적인 자료를 이용하면 되지, 응답자의 주관적 판단이나 평가를 요구할 변수는 아니기 때문이다. 물론 비상장기업의 매출액 자료는 외부 연구자가 수집할 수 없다는 이유를 댈 수도 있지만, 비상장기업의 경우에도 관련 협회나 상공인 연합 등 기관에서 보유한 자료가 있을 수 있다. 만약 그러한 자료가 정말로 존재하지 않으면 비상장기업의 매출액 대신 다른 변수를 사용하는 것이 좋다. 세상에는 존재하지 않는 자료가 무수히 많고, 논문에서는 그러한 자료에 집착하는 대신 존재하는 무수한 자료 중에서 선택하는 것이 현명하다.

 전략 15.　존재하지 않는 자료에 집착하지 않는다.

셋째, 설문지의 문항을 작성하는 것에는 많은 노력과 시간이 요구된다. 설문조사는 연구자가 원하는 정확한 정보를 응답자로부터 얻는 과정이다. 예를 들어 어떤 미술관이 '고급스러운' 분위기를 가진다고 느끼도록 묘사한 설문지의 지문을 작성한 다음 응답자에게 "당신은 이 미술관에 방문하고 싶습니까?"와 같은 질문을 던진다면, 이 응답자가 과연 연구자가 의도한 대로 설문지의 지문에서 표현된 미술관이 정말로 고급스러운 분위기를 가지고 있다고 느끼도록 문구를 세심하게 선택해야 한다. 만약 응답자가 해당 미술관에 대해 '고급스러운' 느낌 대신 '사치스러운' 느낌이나 '전통적인' 느낌을 받는다면 이 설문은 실패한 설문이다. 또한 응답자에게 방문 의도를 묻기 위해서는 직접적으로 '방문하고 싶습니까'로 물어보아야 한다. 다른 표현을 사용해서 '전시를 관람하고 싶습니까' 또는 '둘러보고 싶습니까' 등으로 질문하면 안 된다. 그러나 정확한 표현을 사용한다고 해서 전공 분야에서 사용하는 어려운 학술용어를 설문지에 그대로 사용하면 안 된다. 예를 들어 경영학이나 문화예술경영학의 인적자원관리 분야에서 등장하는 '자기 효능감'과 같은 용어는 일상생활에서 사용하지 않는 용어인데, 설문지에 "당신은 업무 수행상의 자기 효능감이 높다고 생각하십니까?"로 질문한다면 응답자가 이해하지 못한 상태에서 응답할 수 있다. 이것은 실패한 설문이다. 이렇듯 설문지의 질문 순서, 사용되는 용어, 디자인, 질문의 뉘앙스 등을 세심하게 검토하기 위해서는 설문조사를 많이 수행해 본 전문가라도 설문 초안 작성 이후 한 달 정도의 시간이 필요하다. 초보 연구자의 경우에는 설문 초안 작성 이후 어쩌면 3개월 이상의 시간이 소요될 수도 있다.

만약 설문조사의 이러한 단점을 극복하기 힘들다면 2차 자료를 사용하는 것이 더 나을 수 있다. 그렇다면 앞에서 언급한 2차 자료 이용의 가장 큰 어려움, 즉 해당 자료가 연구자가 원하는 정보를 그대로 담고 있지 않는 어려움은 어떻게 극복할 수 있을까? 바로 기존의 자료를 결합하거나 변형하여 내 연구모형에 적합한 새로운 자료를 만드는 것이다. 이 과정에서 가장 중요한 개념이 바로 앞에서 설명한 조작적 정의이다. 예를 들어 창의성에 대한 기업의 태도를 연구주제로 삼는다고 해보자. 물론 이 내용은 설문을 통해 조사할 수도 있다. 조사 대상 기업의 수를 150개 정도로 소규모로 설정하고, '기업의 태도'는 '기업의 관련 업무 수행 직원의 태도'로 정의하며, 창의성에 대한 질문을 응답자가 이해할 수 있도록 수정할 충분한 시간이 있다면 설문조사를 수행할 수도 있다. 그러나 어떤 이유로든 만약 이 내용을 2차 자료를 이용하여 조사한다고 하면, '창의성에 대한 기업의 태도'에 대해 측정할 수 있는 자료를 수집해야 한다. 그러나 이 세상에는 내가 원하는 그대로의 2차 자료는 존재하지 않는다.

이 경우 두 가지의 방법을 사용할 수 있다. 첫 번째로 연구개발에 대한 투자, 특허

출원의 수 등 창의성과 관련된 회계 자료를 수집하여 '창의성에 대한 기업의 태도'로 조작적 정의를 내리는 방법이 있다. 물론 이 방법을 이용하려면 조사 대상 기업의 회계 자료가 공개된 상장기업이거나, 비상장기업인 경우 협회 자료 등을 통해 연구자가 해당 기업의 비공개 정보를 이용할 수 있어야 한다. 만약 이 방법이 가능하지 않다면 두 번째의 방법으로 신문 기사나 잡지 기사, 기타 매체의 보도 자료를 이용하는 방법이 있다. 연구에서 대상으로 하는 기업들을 선정한 다음 이러한 보도 자료에 나온 기업 관련 기사에서 창의성 관련 기사를 수집하여 정해진 기준에 따라 그 성향을 평가하는 것이다. 예를 들어 해당 기업의 최고경영자가 했던 연설, 창의적 업무와 관련된 조직구조 개편, 창의적 업무와 관련된 직원 채용 등을 수치로 바꾸어 '창의성에 대한 기업의 태도'로 조작적 정의를 내리는 방법이 있다. 첫 번째 방법은 기존 양적 자료의 의미를 재정의하는 것이고, 두 번째 방법은 질적 정보를 양적 자료로 전환하는 방식의 조작적 정의이다.

설문지 작성법

앞에서 1차 자료를 이용하는 것의 중요한 단점 중 하나는 설문지를 작성하는 것에는 많은 노력과 시간이 요구된다는 사실이라고 설명했다. 여기에서는 설문지 작성의 기본적인 틀에 대해 간략히 제시하여 초보 연구자의 어려움을 조금이라도 덜어줄까 한다.

단순하게 분류해서 설문조사에는 두 가지 유형이 있다. 첫 번째는 연구주제에 대해 답할 수 있는 특정 경험을 갖춘 응답자에게 그 경험에 대한 질문을 하는 방법인데, 이러한 특정 응답자의 예로서 외국에 진출한 기업들, 특허를 보유한 기업들, 미술품을 구입한 사람들, 방금 특정 전시를 관람한 관람객들 등을 들 수 있다. 이러한 특정 응답자를 선정하는 이유는, 연구의 독립변수가 이러한 특정 상황과 관련되기 때문이다. 두 번째는 일반적인 응답자에게 특정한 상황을 부여하여 그 상황에 대해 질문하는 방법인데, 이 유형은 원칙적으로 무작위 추출에 의해 설문 응답자를 선정하게 된다. 무작위로 추출된 설문 응답자들에게 특정한 상황을 설명하고 그 상황에

설문 대상의 유형

- 해당 분야의 전문가/경험자
- 일반인

대한 응답자의 평가를 받게 된다.

두 가지 유형에 있어서 설문지의 구성은 크게 대조된다. 첫 번째의 유형의 경우 설문지는 비교적 단순하다. 예를 들어 외국에 진출한 기업들에 대해 진출 지역과 애로점의 유형 간 관계를 연구하는 경우, 해당 기업이 어느 지역에 진출했는가에 대한 정보는 이미 가지고 있다고 가정하면, 기업들에게는 본 연구에서 관심을 갖는 애로점의 유형과 정도에 대해 바로 질문하면 된다. 즉 기업이 외국 진출이라는 특정 경험을 이미 갖추고 있기 때문에 별도로 상황을 설정할 필요 없이 이 경험에 대한 변수들을 활용할 수 있다.

이와 대조적으로 두 번째 유형의 경우, 설문지는 특정한 상황을 설정하는 지문을 포함하게 되므로 다소 복잡하다. 응답자가 가진 사전 경험이나 지식이 아니라 설문지에서 주어진 상황에 의해서만 답을 해야 한다. 예를 들어 미술관의 편의시설이 미술관 방문 의도에 미치는 영향을 설문을 통해 조사한다고 하면, 이 설문지는 아무도 알지 못하는 미술관에 대해 설명하고 질문해야 한다. 국립현대미술관이나 휘트니 미술관 등 널리 알려진 기존의 미술관을 사용하면 응답자가 해당 미술관에 대해 가진 기존 선호도의 영향을 통제하기 힘들게 된다. 이 연구에서 연구자가 알고 싶은 것은 '모든 조건이 동일한 상태에서' 미술관의 편의시설이 선호도에 미치는 영향이다. 따라서 설문지에 등장하는 특정 미술관에 대해 응답자가 가지고 있는 기존의 영향을 제거하기 위해서는 가상의 미술관을 설문지에서 창작하여 모든 응답자를 동일한 상태로 만들어야 한다.

 전략 16. 설문지에서 지문을 사용할 때에는 가상의 상황을 창조한다.

이제 설문지를 구성하는 예를 들어보자. 첫 번째 유형의 설문지는 두 번째 유형의 설문지에서 지문 부분을 제거하면 되므로 여기에서는 복잡한 유형인 두 번째 설문지의 예를 사용하기로 한다.

설문지는 표지, 지문, 종속변수에 대한 질문들, 독립변수에 대한 질문들, 통제변수에 대한 질문들로 구성된다. 조절변수와 매개변수는 독립변수와 통제변수의 부분에 위치하면 된다. 가장 단순한 예로서, 양적 연구에서 검증하는 가설이 1개라고 하면 독립변수가 1개이고 종속변수가 1개, 통제변수가 1개라고 할 수 있다. 이 연구를 위해 수행하는 설문조사에서는 최소 3개(1＋1＋1＝3)의 변수가 필요하다. 다음의 예를 살펴보자. 두 유형의 설문지를 각각 100명에게 배포한다. 즉 응답자는 설문지 '가'형과 '나'형 중 하나에 답한다. 표지는 생략하고 지문부터 시작하겠다.

설문지 '가'형

A미술관은 지하철 2호선 홍대입구역에서 5분 거리에 위치하고 있으며 2003년에 건립되었다. (중략) 200명을 동시에 수용할 수 있는 6개의 전시실을 갖추고 있으며, 2020년에는 한 번의 블록버스터 전시와 다섯 번의 지역작가 전시를 개최했다. A미술관에는 우수한 맛으로 정평이 난 글로벌 프랜차이즈 커피숍이 입주해 있다.

설문지 '나'형

A미술관은 지하철 2호선 홍대입구역에서 5분 거리에 위치하고 있으며 2003년에 건립되었다. (중략) 200명을 동시에 수용할 수 있는 6개의 전시실을 갖추고 있으며, 2020년에는 한 번의 블록버스터 전시와 다섯 번의 지역작가 전시를 개최했다.

'가'형과 '나'형의 공통질문

	아니다		보통		그렇다
1. 당신은 이 미술관에 방문하고 싶습니까?	1	2	3	4	5
2. 당신은 이 미술관의 편의시설에 대해 어떻게 평가하십니까?	1	2	3	4	5
3. 당신의 연 평균 미술관 방문 횟수는 몇 회입니까?		(		) 회	

매우 단순화된 이 설문지에서 종속변수인 방문 의도는 1번 질문에서 측정할 수 있음을 쉽게 알 수 있을 것이다. 그렇다면 독립변수인 편의시설에 대한 평가가 종속변수인 방문 의도에 지지되는 것은 어떻게 확인할 수 있겠는가? 그것은 통계적으로 '가'형 응답자들이 2번에 대해 높게 평가하고 '나'형의 응답자들이 2번에 대해 낮게 평가하는 것을 확인하면 된다. 이 작업은 SPSS 등 여러 통계 프로그램에서 쉽게 수행할 수 있다. 마지막으로 이러한 편의시설과 방문 의도의 관계에서 응답자의 연 평균 미술관 방문 횟수가 영향을 미치는가에 대해 통제하기 위해 3번 질문의 응답 자료를 통계모형에 추가할 수 있다. 즉 위의 단순한 설문지에서 이 연구가 조사하기 원하는 종속변수, 독립변수, 통제변수의 측정치를 모두 구할 수 있다.

논문 쓰기 팁

질문의 순서

질문지의 순서는 종속변수 → 독립변수 → 통제변수의 순서이다. 종속변수에 대한 질문이 맨 처음에 위치해야 하는 이유는 지문을 읽은 다음에 다른 어떤 것도 고려하지 않은 상태에서 종속변수를 직감적으로 답하도록 해야 하기 때문이다. 설문지에 포함되는 질문들은 서로 관련이 있으므로 앞에서 한 응답이 뒤의 응답에 영향을 미치게 된다. 따라서 종속변수에 대한 답을 먼저 하게 한 다음에 그렇게 답하게 된 이유, 즉 독립변수에 대해 차근차근 물어보는 것이 올바른 순서이다. 통제변수에 대한 질문은 독립변수와 직접적인 관련이 없더라도 종속변수에 영향을 미칠 수 있는 사항들을 다룬다. 학생들을 대상으로 할 때 가장 흔하게 질문하는 것은 성별, 전공, 특정 분야에 대한 관심도 등이고, 직장인을 대상으로 할 때에는 연령, 직업 유형, 수입 등도 추가될 수 있다. 통제변수에서 무엇을 물어야 하는지는 연구주제, 즉 종속변수의 성격에 따라 정해진다.

논문 쓰기 팁

연속변수와 더미변수

변수의 유형으로서 연속변수와 더미변수가 있다. 연속변수는 숫자를 그대로 사용하는 변수이고, 더미변수는 숫자가 아닌 것을 0과 1로 의도적으로 변환하여 사용하는 변수이다. 앞에서 예를 든 미술관 방문 횟수는 연속변수이다. 연령이나 수입, 관심의 정도도 모두 연속변수이다.

연속변수는 그 정도가 두 배가 되면 숫자도 두 배가 되는 특성이 있다. 이것은 당연해 보이는 특성이다. 예를 들어 방문 횟수가 2회에서 4회가 된다는 것은 두 배가 되는 것을 의미한다. 그러나 이것이 당연하지 않은 연속변수도 있다. 예를 들어 관심의 정도를 '관심이 전혀 없다'에서 '관심이 매우 많다'까지 1부터 5를 부여한다면 2가 부여된 관심의 정도가 1이 부여된 관심의 정도보다 두 배 많은 것은 아니다. 하지만 이것은 연속변수로 간주한다고 인정되며, 이것을 리커트 척도라고 부른다. 리커트 척도는 5점척도, 7점척도 등 연구자가 적절하다고 생각하는 숫자대로 구분할 수 있다.

더미변수는 본래 숫자가 아닌 것, 예를 들어 남자와 여자, 서울과 지방, 미술 분야 전공과 기타 전공 등에 의도적으로 0과 1을 부여하여 마치 숫자처럼 간주하는 것이다. 남자가 1이면 여자는 0, 서울이 1이면 지방은 0 등으로 임의로 0 또는 1을 부여한다. 사실 '임의로' 하는 것이 아니라, 정확히 말하면 종속변수에 정(+)의 영향을 미칠 것이라고 생각하는 것에 1을, 그렇지 않은 것에 0을 부여하는 것이 자연스럽다.

> **연속변수와 더미변수**
>
> 연속변수는 사칙연산 등 실수 체계의 연속성을 갖는 변수이고, 더미변수는 특정 의미를 갖는 변수에 단지 1과 0 등 숫자를 부여한 변수이다.

코딩

코딩은 변수에 숫자를 부여하는 것을 의미한다. 통계분석을 하려면 변수명을 제외한 자료는 기본적으로 모두 숫자로 이루어져야 한다. 연속변수는 그 자체가 숫자이므로 코딩은 자연스럽다. 연령은 21, 35, 42 등 본래의 나이로 코딩하면 되고, 월 수입은 1,000,000, 2,000,000, 3,000,000 등 본래의 월급으로 코딩하면 된다. 더미변수는 어느 것을 1로, 어느 것을 0으로 코딩할 것인지를 정해야 한다. 남자를 1로 코딩하고 여자를 0으로 코딩하거나, 서울을 1로 코딩하고 지방을 0으로 코딩하는 것 등은 이러한 결정의 결과이다. 코딩의 예

> **코딩**
>
> 코딩은 변수에 숫자를 부여하는 과정이다.

를 살펴보자. 다섯 명의 응답자에게 설문 결과를 받았다고 가정해 보자.

응답자	방문 의도	연 방문 횟수	연령	월 수입	편의시설 평가	성별
1	4	7	23	500,000	3	1
2	3	4	46	4,000,000	5	0
3	5	8	32	2,500,000	4	0
4	3	6	25	1,000,000	5	1
5	2	9	26	1,200,000	3	1

　응답자라고 이름 붙인 열은 응답자의 일련번호로서 통계분석에는 포함되지 않고 데이터를 구분하는 역할만 한다. 방문 의도에서부터 편의시설 평가까지는 연속변수이다. 변수는 종속변수, 통제변수, 독립변수의 순서로 코딩한다. 이 연구모형에서 가설이 2개라면 방문 의도가 종속변수이고, 연 방문 횟수에서부터 월 수입까지 통제변수, 편의시설 평가와 성별을 독립변수로 가정한다.

　방문 의도, 편의시설 평가는 리커트 5점척도로 측정했다. 연 방문 횟수와 연령은 원래 수치 그대로 코딩한 것이다. 월 수입도 원 단위로 적은 것이다. 숫자가 큰 경우에는 1,000원 또는 100만 원 단위로 코딩하기도 한다. 마지막으로 성별은 남자를 1, 여자를 0으로 코딩했다. 성별은 두 가지밖에 없으므로 '성별' 한 변수로 이 응답자가 남자인지 여자인지를 알 수 있다.

　어떤 때에는 더미변수가 남녀처럼 두 가지로만 나뉘지 않는 경우가 있다. 예를 들어 자료의 속성이 지역이고 그 경우로서 서울, 부산, 대구가 있다고 한다면? 이 경우 당황하지 말고 차분하게 더미변수를 세 개 만들면 된다. 다음 예를 살펴보자.

응답자	방문 의도	서울	부산	대구	월 수입	편의시설 평가	성별
1	4	1	0	0	500,000	3	1
2	3	0	1	0	4,000,000	5	0
3	5	0	1	0	2,500,000	4	0
4	3	1	0	0	1,000,000	5	1
5	2	0	0	1	1,200,000	3	1

여기에서 1번 응답자의 거주지역이 서울이라고 하면 '서울'이라는 변수에 1을 코딩하고 '부산' 변수와 '대구' 변수에 각각 0을 코딩하면 된다. 단순해 보이지만 이것은 사실 코딩 실무에 있어서 매우 중요한 과정이다. 예를 들어 연구 대상이 드라마이고, 각 드라마의 방영시간을 코딩한다고 해보자. A드라마가 7시에 방영되고 B드라마가 11시에, E드라마가 12시에 방영된다고 할 때에 다음 표의 코딩방식 1과 코딩방식 2 중에 어느 것이 맞다고 생각하는가?

코딩방식 1

드라마	시청률	시간대	유명 작가	로맨틱	유명 배우
A	4.7	7	1	0	1
B	3.1	11	0	1	1
C	5.2	11	0	1	0
D	3.3	7	1	1	0
E	2.1	12	1	0	0

이것은 어느 변수가 연속변수인가 또는 더미변수인가를 판단하고, 각 경우에 있어서 어떻게 처리해야 하는가를 학습하는 데 간단하지만 좋은 연습이 된다. 먼저 방영시간을 의미하는 11과 7은 숫자가 아니다. 쉽게 말해서 6시는 3시의 두 배가 아니기 때문이다. 그러므로 연속변수가 아니라 더미변수(즉 0과 1)로 처리해야 한다. 그 다음으로 이 변수에 두 개의 경우밖에 없다면(예를 들어 남과 여, 서울과 지방 등)

그것을 대표하는 변수 이름 하나(예를 들어 성별, 지역 등)로 표시할 수 있지만 본 자료에는 7시, 11시, 12시 세 개의 경우가 존재한다. 이 경우에는 앞에서 지역을 '서울', '부산', '대구'로 설정했듯이 '7시', '11시', '12시'로 설정하면 된다. 그러므로 코딩방식 2가 정답이다.

코딩방식 2

드라마	시청률	7시	11시	12시	유명 작가	로맨틱	유명 배우
A	4.7	1	0	0	1	0	1
B	3.1	0	1	0	0	1	1
C	5.2	0	1	0	0	1	0
D	3.3	1	0	0	1	1	0
E	2.1	0	0	1	1	0	0

 전략 17.   모든 숫자가 숫자는 아니다.

지금까지 코딩에서의 변수 기입 순서(종속변수 → 통제변수 → 독립변수), 연속변수와 더미변수의 차이, 그리고 더미변수의 코딩방법에 대해 살펴보았다. 이제 조절변수를 적용하여 새롭게 만드는 변수인 **조절항**을 코딩하는 방법에 대해 살펴보려 한다. 사실 이것만 배우면 기본적인 코딩을 이해하고 수행하는 것에 큰 어려움이 없다.

앞에서 매출액(종속변수), 사회공헌활동 지출액(독립변수), 그리고 광고비(조절변수)에 대해 그래프로 살펴본 바 있다. 이것을 실제로 코딩할 때 어떻게 활용할 수 있는가 알아보자.

조절항

조절항은 조절변수의 조절효과를 검증하기 위해 조절변수와 독립변수의 곱으로 만들어지는 새로운 변수이다.

먼저 데이터의 구조를 살펴보면 기업을 구분하는 일련번호, 종속변수인 '매출액', 통제변수인 '연혁', '산업', '글로벌', 조절변수인 '광고비', 독립변수인

기업	매출액	연혁	산업	글로벌	광고비	사회공헌	공헌×광고
1	4,700	32	0	0	45	40	1,800
2	3,100	21	1	0	22	30	660
3	5,200	14	1	1	20	50	1,000
4	3,300	12	0	1	12	30	360
5	2,100	15	0	1	12	15	180
6	1,000	8	1	0	8	6	48
7	1,300	10	1	0	13	10	130

'사회공헌', 그리고 마지막으로 조절항으로서 '공헌×광고'가 설정된 것을 볼 수 있다. 조절항은 독립변수와 조절변수의 곱이라고 일단 기억하기로 하자. 여기에서 임의로 사용한 코딩 방식을 연습 삼아 설명하면, '매출액'은 100만 원 단위로서 예를 들어 4,700은 47억 원이고, '연혁'은 설립 이후 활동기간으로서 32는 32년이며, '산업'은 제조업을 1, 기타 업종을 0으로 코딩한 것이고, '글로벌'은 외국 지사가 있으면 1, 없으면 0으로 코딩한 것이다. 즉 '산업'과 '글로벌'은 더미변수이다. 조절변수인 광고비는 100만 원 단위로서 45는 4,500만 원이다. 독립변수인 '사회공헌'은 사회공헌활동 금액을 100만 원 단위로 기입한 것으로서 40은 4,000만 원이다. 마지막으로 '공헌×광고'는 사회공헌활동 금액과 광고비를 곱한 수치이다.

앞에서 설명했듯이 조절변수는 독립변수와 종속변수의 관계를 증폭시키거나 축소시키는 조절효과를 가질 수 있는 변수이다. 여기에서의 조절변수인 광고비가 클 때 과연 사회공헌활동 비용이 매출액에 미치는 영향력이 더 커지는지, 작아지는지, 아니면 그러한 조절효과가 존재하지 않는지 알아보기 위해 '공헌×광고'라는 조절항을 설정한 것이다. 만약 이 조절항이 종속변수인 '매출액'에 중요한 영향을 미치는 것이 통계처리를 통해 발견된다면 '광고비'라는 조절변수의 조절효과가 존재한다고 말할 수 있다. 요약하면, 조절항의 코딩은 독립변수와 조절변수의 곱을 사용하는 것이다.

기술통계, 상관관계, 회귀분석/이항로짓 분석 결과의 작성

기술통계표

기술통계표는 각 변수의 최소, 최대, 평균, 표준편차를 보여주는 표이다.

상관관계표

상관관계는 각 변수들 사이의 상관계수를 보여주는 표이다. 상관계수는 하나의 변수가 증가할 때에 다른 변수도 얼마나 민감하게 증가/감소하는지 보여준다.

회귀분석

회귀분석은 각 자료의 공간적 위치와 거리의 합이 최소화하게 그은 회귀선에 각 자료가 얼마나 가깝게 분포되어 있는가에 대해 분석한다. 거리의 합이 충분히 작다면 회귀선은 높은 설명력을 갖는다.

이항로짓

단순하게 말해서, 회귀분석은 종속변수가 연속변수일 때에 수행하는 것에 반해, 이항로짓은 종속변수가 더미변수일 때에 수행한다.

이제 마지막으로 데이터의 특성을 설명하는 표인 **기술통계표**와 **상관관계표**, 그리고 가설 검증 결과를 설명하는 **회귀분석** 또는 **이항로짓** 분석 결과를 작성하는 방법에 대해 알아보자. 사실 양적 연구의 분석 결과는 회귀분석과 이항로짓만을 이용하는 것은 아니다. 가장 기본적으로는 분산분석(ANOVA), 또는 보다 고차원적인 다양한 통계분석기법을 사용할 수 있다. 그런데 분산분석방법은 통제변수를 사용할 수 없다는 중요한 한계점이 존재하므로, 여기에서는 초보 연구자가 사용할 수 있는 가장 기본적인 회귀분석/이항로짓에 대해 매우 간략하게 설명하기로 한다.

먼저 기술통계표는 각 변수의 최소, 최대, 평균, 표준편차를 보여주는 표이다. 표준편차는 각 변수가 평균치에서 얼마나 분산되어 있는가를 보여주는 수치인데, 그것의 계산법은 통계학 공부를 통해 알 수 있다. 혹시 당장 모른다고 해도 SPSS와 같은 통계 프로그램에서 클릭만 하면 구할 수 있으니 실망할 필요는 없다. 그러나 자료의 구조에 대해 가장 기본적인 통계적 지식을 갖는 것은 매우 중요하므로 필수 용어에 대해서는 간략하게 이해하는 것이 필요하다. 기술통계는 다음과 같은 형태를 갖는다. 참고로 여기에서 '기술'은 설명한다 또는 기술한다는 의미의 'descriptive'이다.

	최소	최대	평균	표준편차
매출액	1,000	5,200	2,957	1,608.16
연혁	8	32	16	8.19
산업	0	1	.57	.53
글로벌	0	1	.43	.53
광고비	8	45	18.86	12.52
사회공헌	6	50	25.86	16.23

　눈치가 빠르면 추측했겠지만, 이 수치들은 앞에서 예로 든 코딩 자료의 실제 통계량이다. 매출액의 최솟값은 기업 6의 1,000이고, 최댓값은 기업 3의 5,200임을 알 수 있다. 평균은 7개 기업 매출액의 평균이다. 표준편차는 각 기업의 매출액이 평균값으로부터 얼마나 멀리 퍼져있는가를 보여준다. 표준편차가 크면 흩어져 있는 것이고, 작으면 촘촘히 모여있는 것이다.

　특히 더미변수의 경우, 자료의 특성에 대해 쉽게 파악할 수 있다. 예를 들어 '산업' 변수의 평균값을 통해 전체 7개 기업 중에서 0.57, 즉 4개 기업이 제조업에 속한다는 것을 쉽게 계산할 수 있다. 논문을 읽는 사람은 실제 데이터를 보지 않기 때문에 어느 기업이 제조업에 속하는지 알 수 없지만, 논문 저자는 데이터상 기업 2, 3, 6, 7의 4개 기업이 제조업에 속한다는 것을 확인할 수 있다. 또한 논문을 읽는 사람은 '글로벌' 변수의 평균값을 통해 전체 7개 기업 중에서 0.43, 즉 3개 기업이 외국 지사를 보유하고 있다는 것을 알 수 있다. 즉 이러한 기술통계표를 통해 자료의 전체적인 모습을 파악할 수 있다.

　양적 연구에서 두 번째로 보여주는 표는 상관관계표이다. 이것은 다음과 같은 형태를 갖는다.

	매출액	연혁	산업	글로벌	광고비	사회공헌
매출액	1					
연혁	.623	1				
산업	−.238	−.419	1			
글로벌	.335	−.267	−.417	1		
광고비	.687	.956**	−.309	−.313	1	
사회공헌	.991**	.561	−.143	.335	.627	1

*p< .05, **p< .01

주의 깊게 보아야 하는 것은 위에서 보여준 기술통계에서의 변수 순서와 여기 상관관계에서의 변수 순서는 동일하다는 것이다. 순서만이 아니라 변수의 이름도 동일하게 사용해야 한다. 논문에서 개념의 이름을 상이하게 사용하면 다른 의미가 된다는 것은 앞에서 설명한 바 있다.

이 표에 등장하는 숫자의 의미는 무엇일까? 상관계수라고 부르는 이 숫자는 세로 1열에 등장하는 각 변수와 가로 1행에 등장하는 각 변수의 관계를 보여준다. 상관관계는 −1 이상 +1 이하의 값을 갖는데, −1은 정확히 반비례하는 경우이고 +1은 정확히 정비례하는 경우이다. 그래프를 그렸을 때의 기울기라고 생각하면 이해하기 쉽다. 정(+)의 관계를 갖는 경우에는 기울기가 +이고 부(−)의 관계를 갖는 경우에는 기울기가 −이다. '매출액'과 '매출액'의 상관관계는 1이라고 적혀있는데, 그것은 동일한 변수 사이의 상관관계는 당연히 1이기 때문이다. 예를 들어 그래프에서 x축과 y축에 기업 1의 매출액인 4,700을 각각 표시하고, 기업 2의 매출액인 3,100을 각각 표시한 다음 두 점을 이으면 정확히 기울기가 1이고 원점을 지나는 직선이 그려질 수밖에 없다. 여기에서 +는 보통 생략한다. 이 표에서 연혁과 매출액의 상관계수는 0.623인데 생략된 + 부호를 볼 때 이 두 변수는 한 변수의 크기가 크면 다른 변수의 크기도 큰, 정(+)의 관계를 갖는다는 것을 알 수 있다. 반면에 산업과 매출액의 상관계수를 보면 −0.238로서 한 변수의 크기가 크면 다른 변수의 크기는 작은, 부(−)의 관계를 갖는다는 것을 알 수 있다.

그럼 그러한 관계의 강도를 알 수 있을까? 예를 들어 연혁과 매출액의 관계, 그리고 사회공헌과 매출액의 관계를 그래프로 그려서 비교하면 다음과 같다.

두 그래프를 비교해 보면 연혁과 매출액의 관계를 보여주는 점들은 흩어져 있는 반면 사회공헌과 매출액의 관계를 보여주는 점들은 촘촘히 모여서 특정 추세를 잘 보여주고 있다. 즉 상관관계가 강한 것이다. 상관관계가 충분히 강한 것인가는 숫자

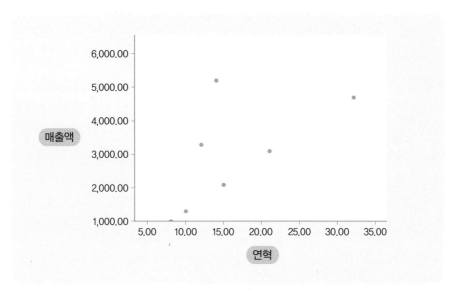

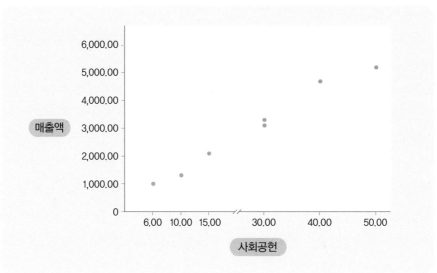

옆에 있는 별(*) 표시로 알 수 있다. 표 아래에 *p < .05, **p < .01이라고 표시되어 있는 것에 주목해 보자. 이것의 통계적 의미는 개인적으로 공부하기로 하고, 여기에서는 일단 p는 유의확률이라고 하며 이것이 0.05보다 작거나 또는 0.01보다 작으면 통계적으로 '유의하다'고 말할 수 있다는 정도까지 이해하기로 하자. 즉 상관계수의 유의확률이 크면(즉 상관계수 옆에 * 표시가 없으면) 연혁과 매출액의 관계를 보여주는 그래프처럼 분산되어 있으며 두 변수 사이의 관계는 그리 강하지 않고, 유의확률이 작으면(즉 상관계수 옆에 * 표시가 있으면) 사회공헌과 매출액의 관계를 보여주는 그래프처럼 두 변수 사이의 관계가 강하다는 것이다. 특히 여기에서는 별(*)이 두 개나 있고, 그것은 별(*) 하나보다 더 강한 관계인 p < .01을 의미한다.

상관관계표에서 확인해야 할 중요한 사실이 하나 있다. 연구자가 가설을 세우려하는 독립변수가 과연 종속변수와 유의한 관계인가에 대해 확인해야 한다. 이 표에서는 독립변수인 '사회공헌'과 종속변수인 '매출액'이 갖는 상관관계가 유의하므로 가설을 검증할 조건에 부합된다. 이 말의 의미는, 두 변수의 관계가 의미가 있는 것임을 먼저 확인한 다음에 다른 변수들의 영향을 통제하고도 그 관계가 남아있는가를 검증한다는 말이다. 두 변수의 관계가 애당초 강한 관계가 아니라면, 즉 유의하지 않다면 굳이 다른 변수들, 즉 통제변수의 영향력을 제거하는 검증을 할 필요가 없다. 요약하면, 상관관계표에서 연구자가 의도한 독립변수가 종속변수와 유의하지 않은 것으로 나타나면 그 변수로 가설을 세우는 것은 바람직하지 않다.

이제 양적 연구에서 세 번째로 보여주는 표에서 설명하는 회귀분석 또는 이항로짓 분석 결과에 대해 살펴보기로 하자. 먼저 이 두 분석방법은 통계학적으로는 매우 상이한 분석방법이지만 논문 쓰기의 실제에서는 단순하게 구분할 수 있다. 종속변수가 연속변수이면 회귀분석, 더미변수이면 이항로짓 분석을 수행하는 것이다. 여기에서는 그 통계학적 의미에 대해서는 다루지 않기로 한다.

앞에서 예로 든 데이터를 보면 종속변수인 매출액이 연속변수이기 때문에 회귀분석을 수행하게 된다. 회귀분석이라는 이름은 자료의 추세를 보여주는 선(회귀선)을 그을 때에 자료들이 얼마나 그 선에 가깝게 분포되어 있는가에 대해 분석한다는 의미이다. 회귀선은 모든 변수들과 가장 가까운 거리로 다차원상의 공간에 긋는 선이라고 이해하면 된다. 우리는 이와 비슷한 것을 앞서 상관관계를 설명할 때에 2차원상의 그래프로 본 적이 있다. 그러나 회귀분석에서는 두 변수 사이의 관계만을 보는 것이 아니라 통제변수들도 모두 포함한 상태에서 독립변수와 종속변수 간 관계의 강도를 검증하는 것이다.

단순한 회귀분석 결과는 다음과 같은 형태로 표시할 수 있다.

변수	모델 0	모델 1
상수항	6.69**	6.731**
	(.28)	(.13)
글로벌	.78*	.30
	(.25)	(.17)
광고비	.04*	.02
	(.01)	(.01)
사회공헌		03*
		(.01)
N	7	7
수정된 R제곱	.75	.75
F	10.05*	10.05*

*$p < .05$, **$p < .01$

이 회귀분석 결과는 사회공헌(독립변수)이 매출액(종속변수)에 정(+)의 영향을 미치는가에 대한 검증 결과이다. 앞의 데이터에서는 통제변수로서 연혁과 산업도 포함되었지만 여기에서는 삭제했다. 자료의 수가 7개밖에 되지 않아서 너무 많은 변수를 포함시킬 수 없었기 때문이다. 그러므로 통제변수로는 '글로벌'과 '광고비'만 포함한다. 앞에서 '광고비'는 조절변수였는데 왜 여기서는 통제변수로 취급하는가에 대해 의문을 갖는다면, 여러분은 매우 잘 배우고 있는 것이다. 조절변수는 본질적으로 통제변수의 일종이다. 그 통제변수로 조절항을 만들면 가설에 포함되는 조절변수가 되는 것이고, 그렇지 않으면 평범한 통제변수로 남는 것이다.

먼저 모델 0과 모델 1의 차이가 무엇인지 알겠는가? 모델 0은 통제변수들만 포함되는 회귀분석 결과이고 모델 1은 가설 1에서 다루는 독립변수가 포함되는 회귀분

상수항

상수항은 회귀식 $Y_i = a + BX_i$ + c에서 y절편인 a를 의미한다. 여기에서 Y는 종속변수, X는 독립변수, B는 X의 계수이다.

석 결과이다. 여기에서는 '사회공헌'이 가설 1의 독립변수이기 때문에 모델 1까지만 표시되었다.

기술통계와 상관관계에서는 종속변수로부터 시작되었는데, 여기에는 종속변수인 매출액이 없고 대신 상수항이라는 것이 등장했다. 사실 이것은 당연한 것인데, 회귀분석 결과표의 모든 숫자는 해당 변수와 종속변수 간의 관계를 보이는 것이므로 종속변수는 적을 필요가 없는 것이다. 그 대신 **상수항**은 회귀선이 y축과 만나는 절편을 의미한다.

이제 숫자들이 의미하는 바를 살펴보자. '글로벌' 변수와 모델 0이 만나는 지점에는 두 개의 숫자가 있다. 위에는 0.78*, 아래에는 (0.25)를 볼 수 있다. 먼저 위의 숫자는 통계 프로그램에서 분석한 결과에 나타나는 비표준화 계수 B의 숫자이다. 이것은 통계분석 결과 도출되는 회귀식에서의 '글로벌' 변수의 계수이다. 옆에 별(*) 표시는 이 계수가 유의한지를 나타낸다. 여기에서 별이 하나 있으므로 '글로벌' 변수는 종속변수인 매출액과 유의한 관계를 갖는다. 즉 외국 지사가 있는 기업의 매출액이 크다는 의미이다. 이것은 통계분석 결과에서 '유의확률'이라는 곳의 숫자를 보고 판단하면 된다. 그리고 아래에 있는 (0.25)는 통계 프로그램 결과에서 '표준오차'의 숫자를 옮겨 적으면 된다. 영어로 'Standard Error'이기 때문에 S.E. 값이라고 부르기도 한다. SPSS의 경우, 분석 결과가 다음과 같이 표시된다. 색칠한 부분이 '글로벌' 변수의 설명이다.

계수[a]

모형		비표준화 계수		표준화 계수	t	유의확률
		B	표준오차	베타		
1	(상수)	6.687	.283		23.621	.000
	글로벌	.778	.251	.664	3.095	.036
	광고비	.043	.011	.868	4.048	.016

a. 종속변수 : 로그매출

모델 0에서 광고비에 왜 0.04*와 (0.01)로 표시되었는지 확인해 보기 바란다. 참고로 모든 수치는 시각적 편의상 소수점 셋째 자리에서 반올림했다.

모델 0에 표시된 '수정된 R제곱'은 이 모델에 포함된 변수들의 종속변수에 대한 설명력이 얼마나 높은가에 대해 설명하는 수치이다. 사회과학 분야에서는 대체로 0.1보다 크면 설명력이 낮지 않다고 평가된다. 이것 역시 통계 프로그램의 분석 결과를 보면 표시되어 있는데, SPSS에서는 다음과 같이 0.75가 표시된 것을 확인할 수 있다.

모형 요약

모형	R	R제곱	수정된 R제곱	추정값의 표준오차
1	.913[a]	.834	.751	.31259

a. 예측값 : (상수), 광고비, 글로벌

그다음으로 F값은 분산분석의 결과인데, 여기에서는 이것 역시 모델의 설명력을 나타낸다고만 이해해 두자. F값에도 유의확률이 적용되는데 이것이 유의해야 모델의 설명력이 충분히 높다. 모델 0을 분석한 SPSS에서는 F값이 다음과 같이 표시되었고, F값의 유의확률이 0.028이므로 $p < 0.05$에 해당하여 별(*)을 하나 표시했다.

분산분석[a]

모형		제곱합	자유도	평균제곱	F	유의확률
1	회귀모형	1.963	2	.982	10.045	.028[b]
	잔차	.391	4	.098		
	합계	2.354	6			

a. 종속변수 : 로그매출
b. 예측값 : (상수), 광고비, 글로벌

이제 가설 1을 검증하는 모델 1의 SPSS 결과를 보고, 그 결과가 회귀분석 결과표에서 어떻게 표시되는지 확인하도록 한다.

계수ᵃ

모형		비표준화 계수		표준화 계수	t	유의확률
		B	표준오차	베타		
1	(상수)	6.731	.133		50.712	.000
	글로벌	.304	.169	.259	1.801	.170
	광고비	.016	.009	.311	1.784	.172
	사회공헌	.027	.007	.687	3.915	.030

a. 종속변수 : 로그매출

모형 요약

모형	R	R제곱	수정된 R제곱	추정값의 표준오차
1	.986ᵃ	.973	.946	.14603

a. 예측값 : (상수), 사회공헌, 글로벌, 광고비

분산분석ᵃ

모형		제곱합	자유도	평균제곱	F	유의확률
1	회귀모형	2.290	3	.763	35.795	.008ᵇ
	잔차	.064	3	.021		
	합계	2.354	6			

a. 종속변수 : 로그매출
b. 예측값 : (상수), 사회공헌, 글로벌, 광고비

SPSS 결과와 모델 1에 표시된 숫자를 모두 확인할 수 있다면 여러분은 통계 프로그램의 회귀분석 결과를 완벽하게 논문에 옮기는 방법에 대해 터득한 것이다.

자, 가설 1은 지지되었는가? "가설 1. 기업의 사회공헌활동 지출이 클수록 해당 기업의 매출이 높다."라는 가설을 검증하기 위해 독립변수인 '사회공헌'의 B값의 부호와 유의확률을 살펴본 결과 유의확률 0.03으로 유의한 정(+)의 계수임을 확인했다. 그러므로 가설 1은 지지되었다.

이제 조절항인 '공헌×광고'의 유의성을 검증하는 가설 2까지 포함된 결과를 표시해 보자. 기술통계와 상관관계에서는 조절항을 표시하지 않는다. 조절항은 두 개 변수의 곱일 뿐이기 때문이다.

분석 결과를 먼저 소개하면 다음과 같다.

변수	모델 0	모델 1	모델 2
상수항	6.69** (.28)	6.731** (.13)	6.17** (.22)
글로벌	.78* (.25)	.30 (.17)	.32 (.10)
광고비	.04* (.01)	.02 (.01)	.06 (.02)
사회공헌		.03* (.01)	.04* (.01)
공헌×광고			−.00 (.00)
N	7	7	7
수정된 R제곱	.75	.75	.98
F	10.05*	10.05*	83.91*

*$p < .05$, **$p < .01$

자, 조절항에 대한 가설 2인 "사회공헌활동 지출과 매출액의 관계는 기업의 광고비가 클수록 더 강하다." 가설은 지지되었는가? 조절항인 '공헌×광고'의 B값의 부호와 유의확률을 살펴본 결과 −0.00으로 유의성이 발견되지 않는다. 그러므로 가설 2는 기각되었다. 모델 2의 SPSS 분석 결과는 다음과 같다.

계수ª

모형		비표준화 계수		표준화 계수	t	유의확률
		B	표준오차	베타		
2	(상수)	6.171	.222		27.773	.001
	글로벌	.316	.097	.270	3.275	.082
	광고비	.064	.019	1.270	3.417	.076
	사회공헌	.042	.007	1.085	6.053	.026
	공헌×광고	−.001	.000	−1.255	−2.679	.116

a. 종속변수 : 로그매출

모형 요약

모형	R	R제곱	수정된 R제곱	추정값의 표준오차
2	.997ª	.994	.982	.08350

a. 예측값 : (상수), 공헌×광고, 글로벌, 사회공헌, 광고비

분산분석ª

모형		제곱합	자유도	평균제곱	F	유의확률
2	회귀모형	2.340	4	.585	83.911	.012ᵇ
	잔차	.014	2	.007		
	합계	2.354	6			

a. 종속변수 : 로그매출
b. 예측값 : (상수), 공헌×광고, 글로벌, 사회공헌, 광고비

여러분이 이 결과를 회귀분석 결과표에 옮길 수 있다면, 여러분은 충분히 양적 연구의 실증분석 결과를 작성할 수 있다. 그러기 위해서는 물론 SPSS 등 통계 프로그램에 자료를 탑재하고 메뉴를 선택하는 방법을 알아야 하지만, 그것은 지금까지 배운 것에 비하면 매우 쉬운 일이다.

만약 여러분이 SPSS 결과를 보면서 표 아래에 "종속변수 : 로그매출"이라는 부분

에 대해 의문을 가졌다면, 여러분은 매우 관찰력이 뛰어나다. 매출액 값이 다른 변수들에 비해 크기 때문에 매출액 값의 자연 로그를 취하여 미리 변환시켰고 그 변수를 가리켜 '로그매출'이라고 했다. 즉 다음과 같은 변환이 이루어졌다.

기업	로그변환 전 '매출액'	로그변환 후 '로그매출'
1	4,700	8.46
2	3,100	8.04
3	5,200	8.56
4	3,300	8.10
5	2,100	7.65
6	1,000	6.91
7	1,300	7.17

로그변환은 변수들 사이의 간격은 유지한 채 수치의 크기만 줄여주는 것이다. 이로써 다른 변수들과 지나치게 자릿수가 차이 나는 것을 방지해 준다. 로그변환을 하지 않고 매출액 원수치를 사용했을 때의 가설 2의 검증 결과를 보여주면 다음과 같다.

계수[a]

모형		비표준화 계수		표준화 계수	t	유의확률
		B	표준오차	베타		
2	(상수)	615.544	19.857		31.000	.001
	글로벌	402.629	8.630	.134	46.656	.000
	광고비	−8.772	1.661	−.068	−5.282	.034
	사회공헌	67.463	.618	.681	109.106	.000
	공헌×광고	.989	.042	.386	23.666	.002

a. 종속변수 : 매출액

모형 요약

모형	R	R제곱	수정된 R제곱	추정값의 표준오차
2	1.000[a]	1.000	1.000	7.46121

a. 예측값 : (상수), 공헌×광고, 글로벌, 사회공헌, 광고비

분산분석[a]

모형		제곱합	자유도	평균제곱	F	유의확률
	회귀모형	15,517,031.518	4	3,879,257.879	69,683.542	.000[b]
2	잔차	111.339	2	55.670		
	합계	15,517,142.857	6			

a. 종속변수 : 로그매출
b. 예측값 : (상수), 공헌×광고, 글로벌, 사회공헌, 광고비

이 경우 변수들의 유의확률이 비정상적으로 작고 F값이 지나치게 크며 심지어 수정된 R제곱값은 완벽한 상관관계에 해당하는 1로 나타나고 있다. 이것은 정상적인 수치가 아니므로 변수 중에 단위수가 큰 것을 로그로 취한 값을 사용하면 정상적으로 돌아오게 된다. 로그를 취하는 작업은 통계 프로그램의 메뉴를 사용하면 쉽게 할

통계 프로그램에 감사하라

수 있다.

한 가지 주의할 점은 기술통계나 상관관계를 할 때까지는 로그를 취하지 않는다는 것이다. 기술통계는 데이터의 최소, 최대, 평균, 표준편차의 정보를 보여주는 것인데, 로그를 취하면 그 정보들이 의미를 상실한다. 회귀분석 때에만 로그값을 사용하면 된다. 조절항을 기술통계표나 상관관계표에 포함하지 않는 것도 그 이유이다. 조절항의 최소, 최대 등의 정보는 의미가 없다.

마지막으로, 이항로짓에 대해 살펴보자. 앞에서 이항로짓은 종속변수가 더미변수인 경우에 수행하는 분석이라고 설명했다. 우리가 가지고 있는 자료에서 '글로벌'을 종속변수로, '로그매출'을 독립변수로 설정하면 "매출액이 큰 기업은 외국 지사를 설립한다."의 가설을 만들 수 있다. 통제변수로 '산업' 하나만을 사용하여 이항로짓 분석을 하면 다음과 같은 결과로 표시할 수 있다.

변수	모델 0	모델 1
상수항	.69 (1.23)	−10.07 (14.30)
산업	−1.79 (1.68)	−1.48 (1.76)
로그매출		1.33 (1.78)
N	7	7
Nagelkerke R제곱	.22	.32
분류정확도	71.4	71.4

여기에서 Nagelkerke R제곱이나 분류정확도는 모두 모델의 설명력을 나타내는 것으로서 회귀분석에서의 수정된 R제곱값이나 F값과 유사한 역할을 한다고 이해해도 좋다. 가설 검증 결과, 모델 1에서 '로그매출'의 B값은 별(*)이 없는 1.33으로서 '글로벌'에 대해 유의하지 않았으므로 "매출액이 큰 기업은 외국 지사를 설립한다." 가설은 기각되었다. SPSS 프로그램에서 보여주는 모델 1에 대한 이항로짓 분석 결과는 다음과 같다.

방정식에 포함된 변수

모형		B	S.E.	Wals	자유도	유의확률	Exp(B)
1단계[a]	산업	−1.479	1.764	.704	1	.402	.228
	로그매출	1.338	1.775	.568	1	.451	3.810
	상수항	−10.068	14.298	.496	1	.481	.000

a. 변수 : 산업, 로그매출

모형 요약

모형	-2 Log 우도	Cox와 Snell의 R제곱	Nagelkerke R제곱
1	7.673[a]	.236	.317

a. 모수추정값이 .001보다 작게 변경되어 계산반복수 5에서 추정을 종료

분류표[a]

			예측		
	감시됨		글로벌		분류정확도
			.00	1.00	
1단계	글로벌	.00	3	1	75.0
		1.00	1	2	66.7
	전체 퍼센트				71.4

a. 절단값 : 500

앞에서 본 SPSS의 회귀분석 결과와 이항로짓 분석 결과는 매우 유사해 보인다. 그러나 통계학적으로 두 계산 과정은 매우 상이하다. 우리는 통계 프로그램이 있다는 사실에 감사해야 한다.

제 10 장

결론 및 시사점 쓰기

결론에서는 서론에서 제기한 문제에 답을 한다

질적 연구와 양적 연구는 그 방법에 있어서 매우 상이하지만, 결론에 오면 다시 유사한 방식으로 논문을 쓰게 된다. 앞에서 사례연구의 결론은 사례의 요약이 아니라고 강조했듯이(제6장 참조) 실증연구의 결론도 실증분석의 요약이 아니다. 두 경우 모두 분석의 결과로부터 결론을 기술하고 그 시사점에 대해 설명해야 한다.

요약의 기술

결론은 요약으로부터 시작된다. 요약은 연구자가 이 연구를 통해 발견한 점이다. 이 부분은 매우 중요한데, 논문의 제목과 서론에서 제시한 연구 내용에 대한 답이 포함되어야 하기 때문이다.

만약 제목과 서론에서 명확하게 연구주제를 제시하지 않았다면 논문을 쓰는 내내 방향성에 대한 문제에 직면하겠지만, 결정적으로 요약 부분에 이르러 가장 큰 어려움을 겪을 것이다. 이것은 질문이 없는 답을 해야 하는 것과 같다. 만약 제목과 서론에서 명확한 질문 또는 연구주제를 던졌다면, 이제 그 질문에 답할 차례이다. 예를 들어 제8장에서 생각해 보았던 한국의 A축제와 일본의 B축제를 토속 신앙의 요소를 중심으로 비교한다는 주제를 생각해 보자. 토속 신앙의 요소를 a, b, c로 구분한 선행연구에서 한국은 문화적 특성에 의해 a와 b가 큰 역할을 하지만 일본은 그 특성에 따라 c가 더 큰 영향을 미칠 것이라고 예측하는 모델을 세웠다면, 사례분석에서는 그 모델에 따라 한국의 A축제와 일본의 B축제를 분석할 것이다. 그 결과, 발견한 점을 요약 부분에서 명확히 기술하게 된다. 아마도 다음 중 하나의 결과가 기술될 가능성이 크다.

(1) 모델에서 예측한 대로 한국의 A축제에서는 a와 b, 일본의 B축제에서는 c가 큰 영향을 미쳤다.
(2) 예측과는 달리 한국의 A축제에서는 a만이, 일본의 B축제에서는 c가 큰 영향을 미쳤다.
(3) 예측과는 달리 한국의 A축제에서는 b만이, 일본의 B축제에서는 c가 큰 영향을 미쳤다.
(4) 예측과는 달리 한국의 A축제에서는 c, 일본의 B축제에서는 a가 큰 영향을 미쳤다.
(5) 예측과는 달리 한국의 A축제에서는 c, 일본의 B축제에서는 b가 큰 영향을 미쳤다.
(6) 예측과는 달리 한국의 A축제에서는 c, 일본의 B축제에서는 a와 b가 큰 영향을 미쳤다.

물론 그 밖에도 여러 가지 결과가 나올 수 있다. 이러한 구체적인 가능성들을 일일이 열거하는 이유를 알겠는가? 결론의 요약 부분은 연구자가 발견한 것을 모델과 비교해서 기술해야 한다는 점을 강조하기 위함이다. 특히 사례분석에서 종종 요약이 사라지는 경우를 볼 수 있는데, 그 경우 이 연구가 검증한 것이 도대체 무엇인가에 대한 의문이 들 수 있다. 그저 새로운 현상을 발견했음을 보여주는 것이라면, 앞에서 누차 강조했듯이, 그것은 리포트일 뿐이다. 실증분석의 경우 가설의 지지와 기각 여부를 요약하기 때문에 비교적 이러할 위험이 적다.

결론 및 시사점

학술 논문에서 연구자의 주장이 담길 수 있는 유일한 부분이 결론과 시사점이다. 결론은 연구 결과의 요약을 해석하고 그 의미를 부여하는 부분이다. 결론과 시사점은 종종 통합되어 기술되지만, 때에 따라서는 구분되기도 한다.

　앞에서 예를 든 기업의 사회공헌활동 지출과 매출액 간의 관계에 대한 가설을 생각해 보자. 이 가설이 지지되었다면 그 사실은 실증분석 부분과 결론의 요약 부분에서 설명하게 된다. 그런데 이 결과가 의미하는 것과 그것이 왜 중요할 수 있는가에 대해 설명하기 위해서는 연구자의 해석이 필요하다. 사실 제1장에서 학술 논문은 신문 사설처럼 본인의 주장을 담은 글이 아니라고 강조했지만, 결론 부분에 와서는 신문 사설 이상의 해석과 주장이 필요하다. 이것은 탄탄한 Theory Building과 분석을 거쳤는가, 아니면 그저 주장만 하는 단계인가의 차이에 달려있다. 그저 주장만 하는 단계에서는 수행 가능한 연구설계가 불가능할 수 있다. 그러므로 그 경우에는 좀 더 연구모형에 주의하며 무엇을 조사하여 검증할 것인가에 대해 집중할 필요가 있다. 그러나 모든 Theory Building과 모델 또는 가설 수립, 검증까지 마친 단계에서는 연구자는 과연 이 연구 결과가 어떻게 세상을 바꿀 수 있는가에 대해 설명해야 한다. 물론 여기에서도 허황된 말을 펼치라는 것은 아니다. 연구 결과를 지나치게 확대 해석하지 않고 확실하고 보수적인 주장을 펼치는 것이 중요하다.

논문 쓰기 팁
··

'결론'의 다양한 명칭

우리는 서론-본론-결론이라는 명칭에 익숙하지만 사실 '결론'에는 다양한 명칭이 존재한다. 영어로 표현하자면 단지 'Conclusion'만 사용되는 것이 아니라 'Summary and Conclusion(요약과 결론)', 'Conclusion and Implications(결론과 시사점)', 'Conclusion and Contributions(결론과 공헌점)', 'Implications and Limitations(시사점과 한계점)' 등으로 다양하게 사용된다. 여기에서 '결론'은 연구에서 발견한 점을 포괄하는 넓은 개념이고, '시사점'과 '공헌점'은 거의 유사한 개념으로서 본 연구가 갖는 가치와 의미를 표현한다. '한계점'은 후속 연구에서 진행될 수 있는 내용을 포함한다. 후속 연구에 대한 제안은 본 연구가 가진 구조적인 한계점에 대해 기술해야 한다. 쉽게 수행할 수 있는 것을 한계점으로 기술하면 논문 심사자가 본 연구에서 추가적으로 분석할 것을 요청할 수 있다.

　보다 구체적으로, 연구의 시사점을 정리할 때에 세 가지 영역에서 공헌점을 정리할 수 있다

(제2장과 제4장 참조). 그것은 학문적 공헌점과 실무적 공헌점, 그리고 정책적 공헌점이다. 학문적 공헌점은 주로 중요한 변수와 개념에 대해 언급하면서 설명하게 된다. 이것은 기존의 선행연구에서 등장했던 주장들이 이 연구에서 확인되었거나, 수정되었거나, 또는 반박되었음을 설명하는 것이다. 이러한 설명을 가장 효과적으로 할 수 있는 방법은, 관련된 선행연구를 언급하는 것이다. 그러므로 학문적 공헌점을 설명할 때에는 서론과 본론에서 키 페이퍼로 인용하였던 논문들을 다시 인용하면서 그 논문들의 주장과 본 논문의 결과를 대비시키는 것이 중요하다.

결론에서의 세 가지 공헌점

- 학문적 공헌점
- 실무적 공헌점
- 정책적 공헌점

실무적 공헌점은 현장에서 근무하는 사람들이 본 연구의 발견점을 활용할 수 있는 방법을 제시하는 것이다. 사실 학술 논문이 실무적 공헌점을 반드시 가져야 하는 것은 아니고, 실무적 공헌점을 논문 작성자가 반드시 언급해야 하는 것도 아니다. 논문 작성자가 간과한 실무적 공헌점을 실무자들이 발견하는 경우도 많다. 그러나 학계와 산업계의 거리가 멀어지는 것은 바람직하지 않다는 의미에서 실무적 공헌점을 가급적 기술하는 것이 좋다. 그러나

내 논문으로 청년 창업을 돕는 정책을 제시할 거야.

연구의 공헌점은 분석 결과에서 찾아야 해.

연구의 공헌점은 선행연구와 연구 결과의 조합이다

여기에도 주의할 점이 있는데, 탄탄한 Theory Building과 분석에 대한 구상이 없는 상태에서 오직 실무적 공헌을 하겠다는 생각만으로 시작한다면 논문 쓰기에 실패할 확률이 높다. 예를 들어 '한국 기업의 국제경쟁력을 높이는 방안에 대해 연구하겠다'는 일념으로 논문을 시작한다면 시작 단계에서부터 매우 큰 어려움을 겪을 수 있다.

정책적 공헌점은 정책입안자들이 본 연구의 발견점을 활용할 수 있는 방법을 제시하는 것이다. 이것 역시 실무적 공헌점과 유사한 성격을 갖는데, 학술 논문이 아닌 정책보고서의 경우에는 가장 중요한 부분이다. 그러나 이 역시 '공정한 문화예술 정책 방향을 제시하는 논문을 쓰겠다', '청년 창업자가 성공하는 정책 방안을 찾아 논문을 쓰겠다', '젊은 예술가의 자립을 돕는 정책 방안을 찾아 논문을 쓰겠다'는 식으로 접근하면 연구모형을 설계하는 단계에서부터 어려움을 겪기 쉽다.

제 11 장

참고문헌 작성하기

전략 18. 학위 논문이 아니라 학술 논문을 인용한다.

전략 19. 선행연구의 저자를 주어로 사용하지 않는다.

전략 20. 인용은 문단의 첫 문장에서 집중적으로 한다.

먹는 것이 곧 그 사람이에요.

배우 김혜수

참고문헌

참고문헌이 곧 그 논문이지요.

논문

참고문헌은 곧 그 논문

2019년에 어느 유명 배우가 '사람이 먹는 것이 곧 그 사람'이라고 말해 화제가 되었다. 사실 이 말은 히포크라테스가 강조했던 말이기도 하다. 논문도 마찬가지이다. 인용하는 참고문헌이 곧 그 논문이다. 인용하는 참고문헌 또는 선행연구들은 논문의 살과 뼈를 구성한다. 여기에 새로운 아이디어인 머리를 얹으면 논문이 완성되는 것이다.

초보 연구자는 학술 논문을 작성할 때에 참고문헌에 어떻게 접근할 것인가에 대해 고민하게 된다. 이 고민은 크게 세 부류로 나뉠 수 있다. 첫째, 어디에서 찾을 것인가? 둘째, 얼마나 직접인용을 해도 좋은 것인가? 셋째, 자연스럽게 인용하는 방법은 무엇인가? 본 장에서는 이러한 내용에 대해 살펴보기로 한다.

출처 선택하기

참고문헌은 크게 국내 문헌과 외국 문헌으로 구분되는데, 여기에서 문헌은 학술 논문과 저서를 의미한다. 학술적 문헌이 아닌 참고문헌에는 신문 기사, 잡지 기사, 각종 보고서, 연감, 사전 등이 포함될 수 있다. 그러나 기본적으로 학술 논문과 저서가 다수를 차지해야 하고, 그중에서도 학술 논문이 주를 이루는 것이 자연스럽다.

제3장에서 선행연구를 검색하는 방법을 설명하면서 잠시 언급했듯이, 국내의 대표적인 학술 논문들은 한국연구재단 등재지와 등재후보지에 게재된 논문들이다. 여기에는 2명 이상의 익명 심사자가 참여하여 일정 수준 이상의 훌륭한 논문만을 게재하기 때문에 연구자가 인용하기에 부족함이 없다. 그러나 등재가 되지 않은 학술지들도 많이 있는데, 이러한 비등재지 논문들도 물론 훌륭할 수 있지만 그 품질이 보장된 것은 아니므로 참고문헌 인용 대상으로 추천되지 않는다.

국내 발표 논문으로는 필요한 참고문헌을 모두 찾기 힘들 때가 많다. 특별히 한국과 관련된 주제를 제외하고는 많은 분야에 있어서 대체로 외국에서 먼저 연구가 시작되었고, 논문의 수와 다양성도 훨씬 우월하며, 특히 한류에 대한 연구와 같이 한국과 관련된 주제라 하더라도 외국인의 시각으로 외국 학술지에 발표한 논문을 인용하는 것은 논문의 살과 뼈를 튼튼히 하는 데 큰 도움을 준다. 만약 영어로 논문을 작성하여 외국 학술지에 투고할 계획이라면 영어로 된 논문을 인용하는 것이 크게 유리하다는 것은 말할 나위가 없다.

사회과학 분야에서 수준을 인정받는 외국 논문은 제3장에서 잠시 언급했듯이 SSCI 학술지 또는 SCOPUS 학술지에 게재된 논문이다. SSCI 학술지 또는 SCOPUS 학술지 리스트는 인터넷에서 검색하면 쉽게 알 수 있다. 전 세계에서 수많은 논문들이 이들 학술지에서 매달 쏟아져 나오고 있기 때문에 '이 주제에 대해 참고문헌을 찾기 힘들다'는 말은 변명에 불과하다. 사실 영어를 사용하기에 불편해서 그렇지, 연구자가 영어를 사용하는 것에 문제가 없다면 국내 논문만을 인용할 아무런 이유가 없다.

참고문헌의 또 하나의 유형으로 학위 논문을 들 수 있다. 사실 학위 논문을 작성하는 연구자의 입장에서는 본인이 작성하는 유형과 가장 유사한 석사 또는 박사학위 논문을 검색하는 것이 여러모로 편할 수 있다. 논문의 분량이나 진행 방식, 서술 방식 등에서 가장 직접적으로 모방할 수 있는 다른 사람의 학위 논문을 인용하는 것이 가장 도움이 될 것으로 생각하기 쉽다. 그러나 학위 논문도 비등재지 논문과 마찬가지로 익명의 심사자를 거치지 않았기 때문에 등재지 또는 등재후보지 논문만큼 품질이 보장되지 않는다. 이것은 영어로 작성된 외국대학 학위 논문의 경우도 마찬

가지이다. 한글로 되어 있든 영어로 되어 있든, 학위 논문보다는 인정받는 학술지에 게재된 논문을 인용하는 것이 바람직하다. 학위 논문을 인용하기보다는, 학위 논문에서 인용한 학술지 논문을 인용하도록 한다.

 전략 18. 학위 논문이 아니라 학술 논문을 인용한다.

논문 쓰기 팁

학위 논문의 인용

선행연구를 검색하는 과정에서 학술 논문에 비해 학위 논문이 가진 최대의 장점은 최신 주제를 다룬다는 점이다. 대체로 학위 논문을 기반으로 학술지 투고 논문이 작성되기 때문에 동일한 연구자가 학술지에 게재하는 논문은 학위 논문보다 2~3년 늦어지게 된다. 학술대회 발표 논문도 마찬가지이다. 많은 경우 박사과정 연구자는 본인의 주제를 학술대회에서 발표하여 코멘트를 받고, 그 주제로 학위 논문을 작성한 뒤 그것을 잘 다듬어서 학술지에 투고하게 된다. 그러므로 학술대회 발표 논문이나 학위 논문은 학술지 게재 논문보다 최신의 주제를 다루게 마련이다.

그러나 본문에서 설명했듯이 학술지 발표 논문이나 학위 논문이 가진 최대의 단점은 논문의 품질이 보장되지 않는다는 것이다. 이것은 모든 경우에 그렇다는 것이 아니라, 익명의 심사자를 거치지 않았기 때문에 그럴 확률이 높다는 의미이다. 이 단점을 극복하는 방법은 학위 논문에서 인용한 학술지 논문을 인용하는 것인데, 수준이 높지 않은 학위 논문에서는 학술지 논문을 충분히 인용하지 않은 것을 흔하게 볼 수 있다. 이러한 사실에서도 학위 논문을 인용하지 말아야 할 이유를 찾을 수 있다.

직접인용과 간접인용

참고문헌에 대한 두 번째의 이슈로 직접인용과 간접인용에 대해 살펴보자. 대개 본 간접인용은 큰따옴표 없이 논문 내용에 자연스럽게 녹여낸 인용 방식이고, 직접인용은 큰따옴표를 사용하고 인용 페이지를 표기하는 인용 방식이다.

문에서 인용하는 방식은 다음과 같다.

【 간접인용의 예 】

한국은 1970년대에 높은 성장률을 기록했으나 동시에 빈부격차의 모순에 대한 자각이 태동하는 시기 역시 1970년대였다(홍길동, 2020).

이것은 일반적인 **간접인용**이다. 모든 문장은 연구자가 직접 작성했으며 단지 홍길동(2020)의 선행연구에서 이러한 내용이 있었다는 것을 표시한 것이다. 그러나 만약 '빈부격차의 모순에 대한 자각'이라는 표현이 연구자가 작성한 것이 아니라 홍길동(2020)에서 그대로 베껴 온 것이라면? 이것은 표절에 해당하므로 이런 경우 **직접인용**을 해야 한다. 즉 다음과 같이 표기한다.

【 직접인용의 예 】

한국은 1970년대에 높은 성장률을 기록했으나 동시에 "빈부격차의 모순에 대한 자각"이 태동하는 시기 역시 1970년대였다(홍길동, 2020, p. 142).

앞에서 본 간접인용의 경우와 다른 점을 알 수 있는가? 홍길동(2020)이 사용한 표현에 큰따옴표를 표기했고 홍길동(2020) 논문에서 이 표현이 등장했던 페이지를 명시했다. 이렇게 표기함으로써 표절의 문제에서 벗어날 수 있다.

그럼 간접인용과 직접인용 중에 어느 것이 더 선호되는가? 사실 논문의 문장에 큰따옴표가 자주 등장하는 것은 보기에 좋지 않고 불필요하게 주의를 분산시키게 되므로 가급적 직접인용은 피하는 것이 좋다. 예를 들어 '빈부격차의 모순에 대한 자각'이라는 표현을 굳이 홍길동(2020)에서 그대로 옮겨올 필요는 없는 것이다. 그저 '사람들은 빈부격차의 문제점에 대해 관심을 갖기 시작했다'는 정도로 그 의미를 쉽게 풀어서 옮기면 큰따옴표를 사용하지 않아도 되고 페이지를 명시하지 않아도 된다. 혹시 선행연구에서 사용한 모든 용어들, 예를 들어 '모순에 대한 자각' 등의 용어를 그대로 사용해야 한다고 생각한다면 그것은 잘못된 생각이다. 논문의 모

직접인용과 간접인용은 다르다

든 내용은 연구자가 책임을 지고 작성하는 것이며, 불필요한 개념을 일반적인 용어로 바꾸거나 논문에서 일관적으로 사용하는 용어로 쉽게 바꾸는 것은 매우 중요하고 필요한 과정이다.

【 간접인용의 예 】

한국은 1970년대에 높은 성장률을 기록했으나 동시에 사람들은 빈부격차의 문제점에 대해 관심을 갖기 시작했다(홍길동, 2020).

직접인용의 또 하나의 방법은 선행연구에 적힌 다수의 문장을 한 번에 퍼 오는 것이다. 이러한 방식은 선행연구에서 사용한 논리의 전개를 본 연구에서 그대로 보여줄 필요가 있는 경우에 사용된다. 다음의 예를 살펴보자.

자원기반이론과 포지셔닝 학파의 이론을 비교해 볼 때 전자는 기업자원이 기업의 경쟁력에 미치는 영향에 대해 모방 불가능성이라는 개념을 중심으로 설명하는 반면에 후자는 외부환경적 요소들이 기업의 경쟁력에 미치는 영향에 대해 진입장벽이라는 개념을 중심으로 설명한다는 특징이 있다. (중략) 이 같은 차이점은 훗날 기업의 다각화 전략과 기술 도입 전략에 있어서도 큰 시사점을 던지게 된다(홍길동, 2020, pp. 146~147).

여러 문장을 한꺼번에 인용할 때에 앞에서의 방식과 다른 점에 대해 알 수 있을 것이다. 큰따옴표를 생략한 대신 양쪽에 여백을 더 크게 두었고 글자 크기를 작게 (또는 이탤릭체로) 하여 본문과 구분했으며 홍길동(2020) 부분에도 페이지를 표시했다. 물론 이 경우에도 핵심 내용만을 쉽게 설명하여 별도의 양식 변경과 페이지 표시 없이 자연스럽게 본문에 녹아 들어가게 하는 것이 더 바람직하다. 그러나 선행 연구의 표현 그대로 인용하는 것이 불가피한 경우, 예를 들어 이 사례처럼 두 이론을 비교하는 방식을 그대로 가져오는 것이 중요한 의미가 있다고 판단되는 경우 다수의 문장을 그대로 인용할 수 있다.

자연스러운 인용

참고문헌 인용은 선행연구를 보여준다는 의미에서 학술 논문에 필수적이지만, 인용하는 방식을 현명하게 선택해야 한다. 현명한 인용 방식은 (1) 주어로 인용하지 않고, (2) 문단의 첫 문장에 집중적으로 인용하는 방식을 의미한다.
주어에 인용하는 방식의 예는 다음과 같다.

【 주어 인용의 예 】
홍길동(2018)은 한국 경제가 빈부격차의 문제를 해결하지 않고는 더 큰 어려움을 겪을 것이라고 주장했다. (중략)
홍길서(2019)는 빈부격차의 문제점은 부의 분배가 아니라 소득의 기회균등으로 해결될 수 있다고 주장했다. (중략)
홍길남(2020)은 빈부격차가 한국만이 겪는 문제가 아니며 따라서 그리 중요한 문제가 아니라고 제안한다. (후략)

이 서술 방식에서 어떤 문제를 발견할 수 있는가? 연구자는 빈부격차에 대한 세 개의 선행연구를 인용하면서 각각 요약하는 방식을 취했다. 그런데 이 선행연구들이 이 연구에서 어떠한 역할을 하는가, 즉 어떠한 맥락을 형성하는가에 대해서는 직접적으로 설명하지 않고 있다. 그저 홍길동(2018), 홍길서(2019), 홍길남(2020)의 연구를 요약할 뿐이다. 이것은 정보 전달의 기능만 할 뿐 Theory Building의 역할을 하기 힘들다. 이와 대비하여 다음의 예를 살펴보자.

【 간접인용의 예 】
한국 경제는 빈부격차의 문제를 해결하지 않고는 더 큰 어려움을 겪을 수 있다(홍길동, 2018). (중략) 빈부격차의 문제점은 부의 분배가 아니라 소득의 기회균등으로 해결될 수 있다(홍길서, 2019). (중략) 빈부격차는 한국만이 겪는 문제가 아니며 따라서 그리 중요한 문제가 아닐 수도 있다(홍길남, 2020). (후략)

이 방식에서는 선행연구는 간접인용으로 처리하고 본문의 흐름은 연구자가 자연스럽게 직접 진행하고 있다. 즉 본문 내에서는 선행연구 저자의 이름이 등장하지 않고, 모든 본문은 연구자가 직접 기술하는 방식을 따르는 것이다. 이 방식을 택함으로써 연구자가 서술하는 맥락이 직접적으로 전달되고 논문의 Theory Building 과정이 그대로 노출된다.

혹자는 의도적으로 선행연구의 저자를 주어로 설정함으로써 혹시라도 비판을 받을 만한 내용에 대해 책임을 회피할 수 있지 않느냐고 생각할 수도 있다. 이것은 매우 부적절한 생각이다. 연구자가 작성하는 모든 내용은 연구자가 책임을 져야 한다. 그저 다른 사람의 연구 결과를 무비판적으로 요약하는 것은 연구자의 Theory Building을 해친다.

 전략 19. 선행연구의 저자를 주어로 사용하지 않는다.

그다음으로 문단의 첫 문장에 집중적으로 인용하는 것의 장점에 대해 살펴보자.

논문의 서술 방식은 기본적으로 두괄식인데, 이것은 중요한 내용을 가장 먼저 기술하고 그 이후에 나오는 문장들은 첫 문장을 설명하는 방식을 따른다는 의미이다. 이와 반대인 미괄식은 서두에는 가볍고 일반적인 내용으로 시작해서 가장 중요한 내용을 맨 마지막에 설명하는 방식이다. 논문은 두괄식이기 때문에 각 문단의 첫 문장에 해당 문단의 중요하고 포괄적인 내용을 요약하고, 그 이후 문장들은 그 내용을 자세하게 설명하게 된다. 그렇다면 하나의 문단에서 인용은 어느 부분에 집중될까? 당연히 첫 문장에 집중되는 것이 자연스럽다. 초보자가 작성하는 논문에서 가끔 모든 문장마다 인용하는 경우를 볼 수 있는데, 이것 역시 Theory Building을 해친다. 다음의 예를 살펴보자.

【 분산인용의 예 】

한국 경제는 빈부격차의 문제를 해결하지 않고는 더 큰 어려움을 겪을 수 있다(홍길동, 2018). 빈부격차의 문제점은 부의 분배가 아니라 소득의 기회균등으로 해결될 수 있다(홍길서, 2019). 빈부격차는 한국만이 겪는 문제가 아니며 따라서 그리 중요한 문제가 아닐 수도 있다(홍길남, 2020).

이것은 직접인용과 비교해서는 좀 더 바람직한 간접인용의 예로 소개했던 문장이지만, 분산인용이라는 점에서 여전히 문제를 갖고 있다. 다음과 같이 수정하는 것이 바람직하다.

【 집중인용의 예 】

한국 경제에서의 빈부격차에 대해 여러 선행연구가 진행되었다(홍길남, 2020; 홍길서, 2019; 홍길동, 2018). 이러한 연구들은 한국 경제가 가진 빈부격차의 문제가 부의 분배가 아니라 소득의 기회균등으로 해결될 수 있다는 점, 또는 빈부격차는 한국만이 겪는 문제가 아니기 때문에 그리 중요한 문제가 아닐 수도 있다는 점을 지적하고 있다.

 전략 20. 인용은 문단의 첫 문장에서 집중적으로 한다.

제 12 장

논문의 연결성과 일관성, 그리고 회피해야 할 표현

전략 21. 지시어와 접속어를 빈번히 사용한다.

전략 22. 논문의 모든 부분은 일관적으로 연결된다.

전략 23. 멋있는 표현은 일단 피한다.

논문의 연결성은 아무리 강조해도 지나치지 않는다

이제 서론에서부터 참고문헌까지 논문의 각 부분에 대한 내용을 모두 살펴보았으므로 논문 쓰기 전체에 대해 도움이 될 만한 사항들을 체크해 보기로 하자. 여기에서는 먼저 논문의 연결성을 높이는 방법에 대해 살펴보기로 한다.

지시어와 접속어

우리가 국어 시간에 배운 지시어와 접속어를 잠시 떠올려 보자. 먼저 지시어에는 이, 그, 저, 이것, 그것, 저것, 여기, 거기, 저기, 이렇게, 그렇게, 저렇게, 이처럼, 그처럼, 저처럼 등이 있다. 지시어는 앞 문장에서 언급되었던 특정 부분을 반복하면서 두 문장을 긴밀하게 연결시키는 역할을 한다. 물론 이러한 지시어를 사용하지 않고도 문장을 이어갈 수 있고, 때에 따라서는 지시어를 사용하기보다는 해당 단어를 직접 반복하는 것이 더 명확할 수 있다. 사실 이, 그, 저 등 지시어를 불명확하게 사용하기보다는 가급적 사용하지 않는 것을 권장하기도 한다. 그러나 명확한 지시 관

접속어의 종류	
(1) 순접	(5) 보충
(2) 역접	(6) 요약
(3) 인과	(7) 전환
(4) 병렬	(8) 예시

계를 나타내어 혼돈의 여지가 없다면, 지시어를 사용하지 않는 것보다 지시어를 사용하는 것이 권장된다. 왜냐하면 지시어로 인해 앞 문장과의 결속력과 연결성이 훨씬 높아지기 때문이다.

지시어가 결속력을 높이는 역할을 한다면 접속어는 결속력과 더불어 문장이 의미하는 내용을 명확하게 해주는 역할을 한다. 접속어의 종류에는 순접, 역접, 인과, 병렬, 보충, 요약, 전환, 예시 등이 있다. 이에 대해 차례로 살펴보자. 참고적으로 영어 표현도 함께 설명하면서 구어체와 문어체의 차이를 보이기로 한다.

순접 관계는 앞 문장을 받아서 연결시킨다. 우리말의 '그리고', 영어의 'and'가 이에 해당한다. 그런데 이 접속어는 학술 논문에서는 사용되지 않는다. 물론 엄밀한 의미에서 역접 접속어의 반대 개념으로 순접 접속어가 존재하지만, 학술 논문에서 '그리고', 또는 영어 논문에서 'and'를 문장의 맨 앞에 사용하는 경우가 없고, 그보다는 보충을 의미하는 '또한', '더구나', '게다가', '아울러', '그뿐 아니라' 등으로, 영어로는 'in addition'을 사용하는 경우가 많다. '그리고'나 'and'는 구어체로 간주되어 문어체를 사용해야 하는 학술 논문에서는 사용하지 않는다.

역접 관계는 앞 문장과 반대되는 내용을 설명할 때에 사용한다. 우리말의 '그러나', '그렇지만', '하지만' 등이 사용되고 영어의 'however'가 대표적인 용어이다. 여기에서도 마찬가지로 '그래도'나 'but'은 구어체로 간주되어 학술 논문에서는 문장의 맨 앞에 놓이는 접속어로는 사용되지 않는다.

인과 관계는 앞 문장의 결과 또는 원인을 나타내기 위한 것이다. 뒤의 문장이 결과인 경우에는 '따라서', '그러므로', 영어로는 'therefore'를 사용하고, 앞의 문장이 결과인 경우에는 '왜냐하면', 영어로는 'because'를 사용한다. '그래서', '그러니까' 등은 구어체로 간주되어 사용되지 않는다.

병렬 관계는 뒤의 문장을 앞 문장과 대등하게 나열하기 위해 사용한다. 우리말의 '또는', '혹은', '이와 함께', '이와 유사하게' 등이 사용되고 영어로는 'similarly'가 있다. 다만 '및'이나 'or'는 문장의 맨 앞에 사용되지 않는다.

보충 관계는 정보의 추가를 위해 사용한다. 우리말의 '또한', 영어의 'moreover'

등이 사용된다.

요약 관계는 앞의 내용을 바꾸어 말하거나 요약하는 내용을 소개하기 위한 것이다. 우리말의 '즉', '결국', 요약하면', 영어로는 'in other words', 'in sum'이 사용된다.

전환 관계는 앞의 내용과 상이한 내용으로 화제를 바꾼다는 것을 나타내기 위해 사용한다. 우리말의 '그런데', '한편', '다음으로서', 영어의 'next'가 이와 가깝다. 사실 영어에서는 'on the other hand'라는 표현도 있지만 이것은 앞의 내용과 상반되는 내용을 소개할 때에 많이 사용되기 때문에 '그런데'와 정확히 일치하지는 않는 것으로 보인다. '그러면', '아무튼', 'then' 등은 구어체이기 때문에 학술 논문에서는 사용되지 않는다.

예시 관계는 앞의 내용의 예를 들 때 사용한다. '예를 들어', '예컨대', 'for example'이 가장 보편적으로 사용된다.

 전략 21. 지시어와 접속어를 빈번히 사용한다.

논문의 일관성

논문의 일체성을 높이고 오류를 줄이기 위해, 논문을 퇴고할 때에 적용해야 하는 몇 가지 사항이 있다. 그것은 (1) 문장 내에서의 주술의 일관성, (2) 문장과 문장 사이의 연결성, (3) 문단과 문단 사이의 연결성, (4) 제목과 서론의 일관성, (5) 서론과 본론의 일관성, (6) 본론과 모델/가설의 일관성, (7) 서론과 결론의 일관성이다. 이 중 일부는 제2장과 제11장에서 부분적으로 설명했다. 이제 하나씩 살펴보기로 하자.

첫째, 문장 내에서의 주어와 서술어가 일관적이지 않은 경우 이것을 '**비문**'이라고 한다. 올바른 문

퇴고 시 유의사항
(1) 문장 내에서의 주술의 일관성
(2) 문장과 문장 사이의 연결성
(3) 문단과 문단 사이의 연결성
(4) 제목과 서론의 일관성
(5) 서론과 본론의 일관성
(6) 본론과 모델/가설의 일관성
(7) 서론과 결론의 일관성

문장은 간결하게

비문

비문은 주술 관계 등 문법이 맞지 않는 문장이다.

장이 아니라는 뜻이다. 비문이 발생하는 경우는 대개 문장이 긴 경우, 능동형이 아니라 피동형이나 사동형을 사용하는 경우, 그리고 어려운 용어를 사용하는 경우이다. 문장이 길게 연결되면 주어와 서술어가 올바로 연결되지 않기 쉽다. 다음의 예를 보자.

【 문장이 긴 비문의 예 】

한국 경제는 1970년대 이후 비약적인 발전을 거듭해 오는 과정에서 비인도적 근로 환경에 대한 문제를 제기하면서 기업들은 이를 개선하기 위한 방법을 찾게 되었다.

이 문장의 주어는 본래 '한국 경제는'이었는데 '과정에서'라는 부사절이 등장하면서 '찾게 되었다'라는 서술어로 끝나게 되었다. 즉 주어와 서술어가 일치하지 않게 된 것이다. 이것을 수정하는 가장 쉬운 방법은 다음과 같이 문장을 분리하는 것이다.

【 수정된 문장 】
한국 경제는 1970년대 이후 비약적인 발전을 거듭해 왔다. 이 과정에서 많은 국민들은 비인도적 근로환경에 대한 문제를 제기했고, 기업들은 이를 개선하기 위한 방법을 찾게 되었다.

능동형이 아닌 문장에서도 비문이 발생하기 쉽다.

【 능동형이 아닌 비문의 예 】
모든 국민들로 하여금 조세 납부의 의무를 다하게 해야 하며 개인의 소득은 이에 영향을 받는다.

여기에서 '의무를 다하게 한다'는 불필요한 사동사이고 '영향을 받는다'는 불필요한 피동사이다. 이를 모두 능동형으로 바꾸면 다음과 같다.

【 수정된 문장 】
모든 국민은 조세 납부의 의무를 다해야 한다. 조세 납부의 의무는 개인의 소득에 영향을 미친다.

또한 불필요하게 어려운 용어, 또는 현학적 용어를 사용하는 경우에도 비문이 발생하기 쉽다.

【 현학적 용어를 사용한 비문의 예 】
역사적 정통성은 이분법적 흑백논리에 함몰된 사이비 지식인의 인식에 경종을 울리는 함의를 표출한다.

【 수정된 문장 】
지식인은 흑백논리에 의해 역사를 평가하면 안 된다는 의미이다.

둘째, 문장과 문장 사이의 연결성은 동일한 문단 내에서 문장들이 서로 밀접하게 연결되어 있어야 한다. 이것은 기본적으로 앞에서 설명한 적절한 접속사를 통해 앞 문장과 뒤 문장의 관계를 가급적 명백히 밝히는 것이 논문 독자의 가독성을 위해 필요하다는 의미이다. 이에 더해서 문단을 이루고 있는 두 개 이상의 문장이 밀접하게 연결되어야 하는데, 이것은 제11장에서 설명했듯이, 하나의 문단 내에서 첫 문장에 인용을 집중함으로써 달성할 수 있다. 만약 한 문단 내에 이질적인 내용이 있다면 문단을 달리해서 설명하는 것이 더 낫다. 이러한 일관성이 가독성을 높여주는데, 즉 문단의 첫 문장만 읽어도 해당 문단의 내용을 어느 정도 파악할 수 있게 한다는 것이다.

셋째, 문단과 문단 사이의 연결성 역시 기본적으로는 문단의 시작 부분에 위치한 접속사를 통해 개선할 수 있다. 그러나 이것은 접속사의 문제만은 아니다. 앞에서 설명했듯이 하나의 문단에 포함되는 내용을 단순화하여 첫 문장에 정리한다면, 문단과 문단의 연결성이 매우 좋아진다. 이 경우 각 문단의 첫 문장만 읽어도 대략적으로 논문 전체의 내용을 파악할 수 있게 된다. 즉 문단의 첫 문장은 문단의 내용을 요약할 뿐 아니라 그다음 문단의 첫 문장과 연결되는 것이다.

넷째, 제목과 서론의 일관성 역시 반드시 확인해야 할 사항이다. 서론에서는 논문의 이슈가 명확히 제시되어야 하는데, 그것은 서론의 두 번째 부분에서 선행연구의 흐름을 요약하고 세 번째 부분에서 본 연구의 차별점을 강조하는 것과 연결되어야 한다는 것이다. 논문의 초고를 작성한 다음에 서론을 수정할 때에 제목과 서론의 일관성을 확인하여, 필요한 경우 제목 또는 서론을 수정하도록 한다.

다섯째, 서론과 본론이 일관적이어야 한다. 서론의 두 번째 부분은 선행연구의 흐름을 요약하는데, 이것은 본론 전반에 흐르는 내용을 요약하는 것이다. 만약 서론에서 소개하는 선행연구의 흐름과 본론에서 진행되는 Theory Building의 흐름이 상이하다면 서론을 수정하여 일관성을 높인다.

여섯째, 본론과 모델/가설의 일관성을 확인해야 한다. 질적 연구의 경우 모델을 세워서 사례를 분석하게 되는데, 그 모델에 등장하는 개념들은 본론에 포함되어야 한다. 가급적 모델에서 등장하는 순서대로 본론이 구성되는 것이 바람직하다. 양적 연구의 경우 가설을 세워서 실증 자료 분석을 통해 검증하게 되는데, 가설에 등장하는 개념들이 본론의 중심 개념들과 일치해야 한다. 본론에서는 온갖 심오한 개념들이 등장하면서 정작 모델/가설은 평범한 개념만 다룬다면 본론이 과장된 것이므로 수정해야 한다.

일곱째, 서론과 결론의 일관성을 확인해야 한다. 서론의 세 번째 부분에서는 본 연구의 차별점을 강조해야 하는데, 이것은 결국 결론에서 해당 연구가 발견한 점 및 그 공헌점과 연결되어야 한다. 만약 서론에서 소개하는 연구의 차별점과 결론에서 설명하는 연구의 공헌점이 일치하지 않는다면 서론 또는 결론을 수정하여 일관성을 높여야 한다.

 전략 22.　논문의 모든 부분은 일관적으로 연결된다.

회피해야 할 표현

논문에서 어떤 표현들을 회피해야 한다고 생각하는가? 가장 단순하게 생각하면 은어나 비속어는 사용하지 말아야 한다는 것은 상식이다. 그러나 그 외에도 논문에서 사용하면 좋지 않을 표현들이 많이 있다. 어쩌면 이것은 초보 연구자의 상식에서 벗어난 것인지도 모르겠다. 그것은 바로 멋지거나 과장된 표현이다.

구체적인 예를 들자면 '종합적으로', '총체적으로', '궁극적으로' 등의 표현이다. "본 논문은 선행연구의 결과를 종합적으로 검토하여…", "본 연구는 총체적 해결책을 제시함으로써…" 등 단지 멋진 표현을 통해 연구의 가치를 높이려고 시도하는 것은 바람직하지 않다. 실제로 논문이 학술지에 투고되었을 때에 이러한 미사여구가 반복되는 것을 심사자들이 발견하면 절대로 좋은 평가를 하지 않는다. 미사여구는 단지 말일 뿐이다. 정말로 단편적 해결책이 아니라 '총체적' 해결책을 제시하는 것이라면 그 증거가 논문에서 구체적으로 설명되어야 한다.

이러한 표현들이 해당 논문을 수식하는 경우가 아니더라도, 화려한 표현은 회피해야 한다. 대신 보수적으로 기술해야 한다. 예를 들어 '획기적으로', '비약적으로'

현학적 표현은 피해야 한다

등의 표현을 사용하여 "한국 경제는 획기적으로 성장했다.", "한국 경제는 비약적으로 성장했다." 등으로 표현하는 대신 보수적이고 건조하게 "한국 경제는 크게 성장했다."라고 적는 것이 더 낫다.

문학적 표현을 사용하는 것도 바람직하지 않다. "한국 경제는 가랑비에 옷깃 적시듯 조금씩 기울어지고 있다.", "한국 경제는 시나브로 깨어나고 있다." 등도 부적절하다. 대신 "한국 경제는 점차 악화되고 있다.", "한국 경제는 점차 호전되고 있다." 정도가 좋을 것이다.

사자성어를 남발하는 것도 회피해야 한다. "한국 경제는 괄목상대의 대상이 되었다.", "한국 경제는 와신상담의 기간을 거치고 있다." 등은 "한국 경제는 크게 성장했다.", "한국 경제는 조정기를 거치고 있다." 정도로 수정할 수 있다.

명사 뒤에 '적'을 붙여서 현학적으로 만드는 단어도 회피해야 한다. 물론 일상적으로 사용하는 용어들인 '일상적', '현학적', '즉각적', '보수적' 등은 사용해도 좋겠으나 '담론적' 등 흔히 사용하지 않는 용어를 무리하게 만들어서 표현하는 것은 바람직하지 않다. 예를 들어 '담론적'은 '여러 주제들에 대한 논의를 불러일으키는' 등으로 풀어서 기술하는 것이 쉽게 읽힌다.

요약하면, 화려하고 과장되며 문학적이고 현학적인 표현을 피하여 담백하고 보수적이며 건조하고 쉬운 표현을 사용한다. 노인과 바다를 저술한 헤밍웨이는 형용사를 가급적 쓰지 않았다고 한다.

 전략 23. 멋있는 표현은 일단 피한다.

제 13 장

학술지 투고와 심사 과정

전략 24.   투고 학술지 선택은 전략적으로 한다.

전략 25.   소리 내어 읽으면서 문장을 수정한다.

논문 심사는 기도하는 마음으로 기다리게 마련이다

논문의 수정 작업까지 마치면 드디어 학술지에 투고하게 된다. 여기에서 투고하는 저자를 교신저자라 한다. 논문을 혼자 작성했다면 제1저자가 교신저자를 겸하게 된다. 그러나 논문을 두 명 이상이 공동으로 작성했다면 제1저자와 교신저자가 다를 수 있다. 저자가 복수인 경우, 그 순서는 공헌도가 높을수록 앞에 놓이므로(공헌도가 동일할 때에는 가나다 순으로 한다) 교신저자는 제1저자보다 공헌도가 낮다. 그러나 경우에 따라서 교신저자는 심사자의 수정 요구가 있는 경우에 논문 수정을 주도하는 역할을 맡기도 한다. 예를 들어 학생과 교수가 공저하는 경우, 연구모형을 학생이 구상했다면 학생이 제1저자를 맡게 된다. 그러나 투고 후 심사 과정에서 교수의 역할이 주도적이 될 것이므로 교신저자는 교수가 맡을 수 있다.

투고 학술지 선택하기

작성한 논문을 어느 학술지에 투고할지를 결정하는 것은 매우 중요하다. 노련한 연구자인 경우 해당 주제를 다루는 여러 학술지의 특성을 미리 파악하고 있을 것이므로 특정 학술지의 특성에 적합한 방식으로 논문을 작성하게 된다. 그러나 특정 학술지를 염두에 두지 않고 논문을 작성하는 경우, 논문과 적합한 특성을 갖는 학술지를 전략적으로 선택할 필요가 있다.

먼저 논문의 주제가 해당 분야에서 중요하다고 평가받고, 탄탄한 Theory Building을 이루었으며, 방법론적으로 치밀한 논문은 해당 분야에서 가장 게재하기 어렵다고 평가받는 학술지에 먼저 시도해 보는 것도 좋다. 여기에서 주의할 점은 학술지의 특성 중 질적 연구를 주로 게재하는 학술지와 양적 연구를 주로 게재하는 학술지가 있다는 것이다. 물론 두 유형의 논문을 모두 게재하는 경우에는 이것을 고려할 필요가 없다.

논문 심사기간은 학술지에 따라 상이하지만, 대체로 3주에서 5주 정도 소요된다. 만약 특정 학술지에서 게재 불가 판정을 받더라도 다른 학술지에 투고하기 전에 심사자의 심사평을 들어볼 수 있다.

물론 학술지 투고에는 금전적 비용이 수반된다. 이것도 학술지마다 상이하지만 초보 연구자가 새롭게 학술지에 투고하기 위해서는 해당 학술지를 출판하는 학회 가입비, 학회 연회비 또는 종신회비, 투고비, 심사비, 그리고 게재 확정이 되는 경우 게재비가 소요된다. 가입비와 연회비는 개인당 부과되는 비용이고 투고비, 심사비, 게재비는 논문당 소요되는 비용이다. 이 비용을 모두 합치면 대체로 20만 원에서 40만 원 정도가 소요된다. 논문이 외부 지원을 받은 경우에는 그 사실을 논문 첫 장에 '사사'로 쓰게 되는데, 그 경우 추가 비용이 발생한다. 또한 학술지에서 페이지 제한을 하는 경우, 추가하는 페이지마다 추가 비용을 부과하기도 한다.

높은 수준의 권위 있는 학술지에 먼저 시도하는 경우, 논문 투고에 소요되는 이러한 비용 투자에 더하여 시간 투자도 발생한다. 외국 저명 학술지의 심사기간은 2년 내외이다. 이러한 모험을 감수하기 싫다면 다소 낮은 수준의 학술지에 투고하여 빠른 심사를 거쳐 심사 통과의 확률을 높이는 전략이 선호된다.

 전략 24. 투고 학술지 선택은 전략적으로 한다.

심사기준과 판정

학술지의 논문 심사는 대개 2~3명의 심사자가 맡게 된다. 이들 심사자는 학술지마다 가지고 있는 고유한 심사기준에 따라 심사하게 되는데, 약간씩 상이하기는 해도 거의 비슷한 요소들을 포함하고 있다. 그 요소들은 다음과 같다.

> **일반적인 학술지 심사기준**
>
> (1) 연구주제의 중요성
> (2) 이론 전개의 치밀함
> (3) 분석방법의 적절함
> (4) 결론의 공헌점
> (5) 문장과 표현의 정확성

첫째, 연구주제의 중요성에 대해 심사한다. 여기에서는 지나치게 진부하거나 또는 지나치게 학문 분야와 동떨어진 주제를 갖지 않았는가에 대해 걸러내는 역할을 한다. 그러므로 해당 학술지에서 다루는 주제와 유사한 주제를 다룬다면 이 요소에서 크게 감점을 당할 위험은 낮은 편이다.

둘째, 이론 전개의 치밀함에 대해 심사한다. 이것은 주제와 관련된 선행연구의 흐름을 얼마나 잘 정리하여 설명하고 연구의 주제를 도출했는가에 대한 것이다. 이 항목에서 높은 점수를 받으면 일단 좋은 결과를 기대할 수 있다.

셋째, 분석방법에 대해 평가한다. 주제에 적절한 연구방법을 선택했는가, 모델 또는 가설이 본문과 합치하는가, 자료는 충분한가, 조사방법은 정교하고 적절한가 등에 대해 평가한다. 사실 이 부분이 논문의 심사 통과 여부에 가장 큰 영향을 미친다.

넷째, 결론의 공헌점에 대해 평가한다. 아무리 좋은 주제를 선정했다 하더라도 결론에서 연구 결과의 학문적 공헌점을 충분히 설명하지 않으면 높은 평가를 받을 수 없다. 그러나 이론 전개나 분석방법이 훌륭한데 결론의 공헌점이 부족하다고 해서 게재 불가 판정을 받는 경우는 거의 없다.

마지막으로 문장과 표현의 정확성에 대해 평가한다. 사실 이 요소는 논문의 내용과 직접적인 관련이 없다고 볼 수 있지만, 논문의 가독성을 확보하고 학술지의 수준을 유지하기 위해 가장 중요하게 평가하는 요소이다. 아무리 중요한 주제를 담은 논문이라도 일반 독자가 읽고 명확하게 이해할 수 없는 문장이 다수 포함되면 게재 불가 판정을 받을 확률이 매우 높다. 논문의 정확성을 높이기 위해 본인이 쓴 문장은 입술을 움직여 소리를 내어 읽으면서 수정할 것을 권한다. 눈으로만 읽는 것과 소리를 내어 읽는 것은 확실히 다르다.

전략 25.   소리 내어 읽으면서 문장을 수정한다.

이러한 기준들에 의해 평가를 한 심사자들은 각자의 판정 결과와 함께 논문 심사평을 기입하여 학술지 편집위원장에게 보낸다. 편집위원장은 각 심사위원의 판정을 취합하여 최종 판정을 내리고, 논문의 교신저자에게 심사 판정 결과와 함께 심사평을 송부한다. 심사는 익명으로 진행된다.

심사 판정은 다섯 단계 중 하나로 이루어진다. 먼저 무수정 게재는 투고한 그대로 게재 확정을 하는 것이다. 이 경우는 거의 발생하지 않는다. 그다음은 소폭 수정후 게재인데, 이것도 매우 희소한 판정이다. 이 경우 심사자가 요청한 것만 수정하여 제출하면 편집위원장이 확인하여 곧바로 게재 확정 판정을 내린다. 가장 흔한 경우는 소폭 수정 후 재심사와 대폭 수정 후 재심사인데, 비록 재심사 판정을 받았지만 수정을 잘하면 재심사에서 게재 확정 판정을 받을 가능성이 있기 때문에 일단 긍정적으로 볼 수 있다. 물론 가망이 없어 보이는 논문에도 단번에 게재 불가 판정을 내리기보다 한 번 더 기회를 주는 것이 심사자의 성향이라서 대폭 수정 후 재심사 판정이 되는 경우도 있다. 이때 심사자의 코멘트를 주의 깊게 읽고, 만약 가망이 없다고 생각되는 경우에는 수정과 재심사에 소요되는 수고와 시간을 절약하는 의미에서 수정본 투고를 포기하는 편이 나을 수도 있다. 마지막으로 게재 불가 판정이 나오면 미련 없이 다른 학술지를 검색한다.

제 14 장

선행연구를
효과적으로 읽기 : 영어 논문

전략 26.   선행연구는 일단 많이 읽는다.

전략 27.   처음 접하는 영어 논문의 1회독에 5분 이상을 소비하지 않는다.

전략 28.   영어 논문을 읽을 때에 사전을 보지 않는다.

영어 논문은 어려워

제9장에서 연구모형과 자료 수집은 논문 쓰기의 양 날개와 같다고 설명했는데, 좋은 연구모형을 세우기 위해 해야 할 일 중 가장 중요한 것은 좋은 선행연구를 많이 읽는 것이다. 선행연구를 많이 읽고 잘 기억할수록 연구자가 작성하는 논문의 Theory Building이 쉬워진다. 예를 들어 어떤 연구주제에 대한 선행연구를 100개 정도 읽으면 대략 어떤 방식으로 논문을 진행해야 하는가에 대한 아이디어가 떠오르기 마련이다.

그런데 문제는 속도에 있다. 초보 연구자들이 논문을 읽으면서 그 주제를 빨리 파악하는 것은 어려운데, 특히 영어 논문은 더욱 그러하다. 20장 정도 하는 영어 논문을 읽으면서 모르는 단어를 하나하나 찾으며 읽는다면 논문 하나 읽는 데 4시간이 걸릴 수도 있다. 여기에서는 논문 쓰기를 위해 선행연구를 검토하는 단계에서 영어 논문을 효과적으로 읽는 방법에 대해 살펴보기로 한다.

영어 논문의 요점 파악하기

논문 쓰기에 필요한 선행연구를 읽는 방식은 논문에 등장하는 내용을 학습하기 위해 읽는 방식과는 다르다. 내용을 학습하기 위해 읽을 때에는 논문에 등장하는 개념을 이해하며 읽어야 한다. 그러므로 천천히 주의 깊게 논리의 전개를 따라가야 한다. 그러나 인용을 위해 읽을 때에는 논문이 발견한 결과를 파악하며 읽어야 한다. 논문에서 선행연구를 인용하는 이유는 결국 해당 선행연구에서 주장하거나 발견한 내용을 논문에서 언급하기 위함이다. 즉 선행연구를 정확히 인용하기 위해서 선행연구의 논리 전개보다는 선행연구의 결과, 즉 요점을 정확히 이해하는 것이 필요하다.

선행연구의 요점은 최대한 신속하게 파악해야 한다. 그 이유는 가급적 많은 논문을 단기간에 검토해서 기억할 수 있도록 하기 위해서이다. 보통 하나의 논문에서 사용하는 선행연구는 20~30개인데 적절한 선행연구를 찾아내기 위해서 60개 이상의 논문을 읽게 마련이다. 60개의 영어 논문을 읽기 위해 한 논문에 4시간씩 총 240시간을 소비한다고 생각해 보라. 이 연구자는 본론을 작성하기도 전에 포기하기 쉽다. 그러므로 일단 선행연구를 수집하는 단계에서는 가급적 신속하게 선행연구의 요점을 파악하여 본인만의 리스트를 만드는 것이 중요하다. 그 방법에 대해 살펴보기로 하자.

 전략 26. 선행연구는 일단 많이 읽는다.

먼저 선행연구 인용에서 가장 중요한 논문의 주제와 분석 결과를 파악하기 위해서는 제목과 결론에 주목한다. 잘 작성된 논문은 제목과 결론의 첫 부분만 읽어도 어떤 것을 발견했는지 알 수 있다. 양적 연구의 경우에는 논문에서 다루는 독립변수와 종속변수가 제목에 기술되어 있고, 질적 연구의 경우에는 논문에서 사용하는 이론적 모델과 분석 사례가 제목에 담겨 있게 마련이다. 그리고 결론의 첫 부분에 이러한 분석의 결과가 요약되어 있다. 그러므로 제목과 결론의 첫 부분은 논문의 내용을 대략적으로 파악하는 열쇠이며, 이 부분을 읽는 시간은 2~3분 정도이면 충분하다.

논문의 구체적인 연구주제를 파악하기 위해서는 양적 연구의 경우에는 서론과 가설,질적 연구의 경우에는 모델 부분을 읽는다. 가설의 개수는 2~5개 정도이므로 시간은 3분 정도면 충분하며, 모델 부분은 각 문단의 첫 문장 또는 두 번째 문장만 읽으면서 훑는다. 이것 역시 2~3분 정도면 충분하다.

즉, 5분 정도면 선행연구 하나의 주제와 결과를 대략적으로 이해하기에 충분하다. 본인이 이해한 선행연구의 발견점을 본인의 언어로(선행연구의 구절을 베끼지 말고) 메모한다. 가급적 스프레드시트에 메모해서 자료화하는 것이 좋다. 나중에 본인이 사용한 특정 개념을 검색하기 쉬운 형태로 남기는 것이다. 또는 논문의 제목이 나온 첫 장에 그 내용을 메모해 놓을 수도 있다. 이러한 방법을 사용하여 본인이 검토한 선행연구를 기억할 수 있도록 한다. 이렇게 정리한 논문이 10개 정도 쌓이면 복습을 통해 본인이 요약한 내용을 기억하도록 한다.

 전략 27.　처음 접하는 영어 논문의 1회독에 5분 이상을 소비하지 않는다.

단계별 정독

혹시 어떤 선행연구가 본인의 연구에 매우 중요한 연구, 즉 키 페이퍼라고 생각된다면 논문 전체를 주의 깊게 읽어야 한다. 그러나 이 경우에도 한 번에 모든 문장을 자세하게 읽기보다는 단계별로 수차례에 걸쳐 읽을 것을 권한다. 즉 세 번 정도로 나누어 첫 번째 읽을 때에는 3분, 두 번째 읽을 때에는 10분, 세 번째 읽을 때에는 15~20분 정도를 사용한다.

첫 번째 읽을 때에는 본론에서의 소제목을 살펴본다. 잘 작성된 논문은 본론의 소제목만 읽어도 어떤 이론적 흐름을 사용했는지 알 수 있다. 대체로 소제목의 개수는 3~6개 정도이므로 3분 정도면 중요한 개념들을 훑어볼 수 있다.

두 번째 읽을 때에는 논문의 모든 문단을 읽되 각 문단의 첫 문장만, 혹 너무 내용이 없으면 두 번째 문장까지만 읽는다. 제12장에서 설명했듯이, 잘 작성된 논문은 모든 중요한 내용을 각 문단의 첫 문장에 두괄식으로 요약하므로 어느 문단의 첫 문장만 읽어도 그다음 문단으로 건너뛰는 것에 큰 무리가 없어야 한다. 그리고 본문 내에 이탤릭체 등이 있으면 중요한 개념이므로 주목한다.

세 번째 읽을 때에는 서론과 요약을 자세히 읽는다. 잘 이해가 되지 않는 부분이 있으면 그 부분으로 가서 자세히 읽는다. 이 경우에도 모든 영어 문장을 완벽하게 해석할 필요는 없다. 이미 두 번째 읽을 때에 논문 전체를 훑어보았기 때문에 전체적인 맥락은 충분히 이해하고 있을 것이다.

이 모든 단계에 걸쳐서 가장 중요한 팁은 모르는 영어 단어를 찾아보지 말라는 것이다. 영어 단어를 찾기 시작하면 시간이 무한대로 흘러가기 쉽다. 논문 전체에서 반복되는 중요한 개념인데 의미를 알지 못하겠으면 두 번째 읽은 다음에 사전을 찾아보기로 한다. 사실 학술 논문에서 일반인이 이해하기 힘든 단어를 사용할 때에는 그 논문이 다루는 특별한 의미를 담는 경우가 많으므로 사전을 찾는다고 해서 정확한 번역을 구하기 힘들다. 즉 해당 논문 안에서 그 단어의 학술적 의미를 찾아야 한다. 그러므로 사전을 찾는 데 시간을 쓰는 대신 논문을 한 번 더 훑어보는 편이 더 효율적이다.

 전략 28.　영어 논문을 읽을 때에 사전을 보지 않는다.

제 15 장

연구 윤리

전략 29. 인용할 논문을 펼쳐놓지 않은 상태에서 본인의 논문을 작성한다.
전략 30. 약속을 지키지 않는 공저자와 작업하지 않는다.

난 다른 사람을 절대 표절하지 않아.

혹시 자기 표절은?

타인 표절과 자기 표절 모두 표절이다

연구 윤리는 연구자가 지켜야 할 당연한 도리이다. 그러나 많은 연구자들이 고의로, 또는 잘 몰라서 연구 윤리를 지키지 않고 있다. 언론에서 종종 보도되듯 연구 윤리를 지키지 않는 연구자는 한순간에 명예와 지위를 잃게 된다. 그러므로 연구 윤리에 저촉되는 사항이 무엇인지를 잘 알고 피해야 한다. 연구 윤리는 크게 타인 표절, 자기 표절, 저자 선정, 주제 및 연구방법 등으로 분류하여 살펴볼 수 있다.

연구 윤리 저촉의 유형

- 타인 표절
- 자기 표절
- 저자 선정
- 주제 및 연구방법

타인 표절

연구 윤리에 저촉되는 행위 중 가장 흔한 것이 타인의 논문을 표절하는 경우이다. 표절이란, 적절한 설명 없이 타인의 창작물을 도용하는 행위를 의미한다. 표절은 논문만이 아니라 노래, 미술작품, 시, 소설 등에서 광범위하게 발견된다. 이러한 상업적 분야에서의 표절은 막대한 배상금이 걸린 법적 소송으로 이어지게 마련이다. 그러나 학술 논문은 상업적 저작물이 아니므로 배상금 문제가 걸리지는 않는다. 그러나 종종 법적 분쟁이 발생하고 표절 당사자의 명예는 크게 실추된다.

타인 표절의 가장 흔한 형태는 세 단어 이상의 동일한 연속된 표현을 큰따옴표 없이 인용할 때에 발생한다. 제11장에서 설명해듯이 인용의 형태로는 직접인용과 간접인용을 들 수 있는데, 가급적 간접인용을 할 것을 권했었다. 본인의 언어로 선행연구의 내용을 소화해서 기술하는 습관만 갖춘다면 타인 표절의 문제는 근본적으로 없어진다. 그러나 초보 연구자들은 선행연구에서 사용한 문체가 마음에 들거나 그만한 문장을 본인이 작성할 자신이 없을 때, 또는 촉박한 시간 내에 논문의 분량을 채워야 하는 상황에 처했을 때에 여러 선행연구를 부분적으로 짜깁기하여 그대로 옮길 유혹에 빠진다. 이 유혹에서 벗어나는 가장 단순한 방법은 인용할 논문을 옆에 펼쳐놓지 않고, 즉 읽을 수 없는 상태에서 본인의 논문을 작성하는 것이다. 이렇게 하면 원본의 문장을 정확히 기억할 수 없기 때문에 표절의 위험에서 자연스럽게 벗어날 수 있다.

 전략 29.　인용할 논문을 펼쳐놓지 않은 상태에서 본인의 논문을 작성한다.

그러나 최근에는 타인 표절을 잡아내는 프로그램들이 잘 발달해 있어서 거의 항상 적발되는 것을 볼 수 있다. 이러한 프로그램에는 기존에 발표되었던 학술 논문, 학위 논문, 신문 및 잡지 기사들이 수록되어 있어서 동일한 문장의 출처를 바로 알려준다. 또한 수업의 과제로서 제출되는 리포트도 서로 비교하여 다른 사람의 것을 베끼면 적발해 낸다. 이를 피할 수 있는 방법은 정상적인 방법을 사용하는 것, 즉 연구자 본인의 문장으로 작성하고 선행연구의 출처를 인용하거나 또는 큰따옴표를 사용하여 출처와 함께 페이지까지 명기하는 것이다.

자기 표절

표절은 타인의 논문을 도용하는 것만 의미하지 않는다. 본인의 논문에 사용했던 세 단어 이상의 동일한 연속된 표현을 본인의 또 다른 논문에 큰따옴표 없이 인용할 때에도 표절이 발생한다. 사실 동일한 자료를 이용하여 두 개 이상의 논문을 작성하는 경우

> **자기 표절**
>
> 자기 표절은 본인이 작성한 논문을 본인의 다른 논문에서 표절하는 것이다. 단순 번역도 포함된다.

가 있을 수 있는데, 두 논문에서 유사한 이론적 흐름을 설명하기 때문에 하나의 논문에서 작성한 문구를 또 다른 논문에서 베끼는 경우, **자기 표절**을 범하게 된다.

또 하나의 유형은 한글로 작성하여 국내 학술지에 게재한 논문을 영어로 번역하여 외국 학술지에 게재하거나, 영어로 먼저 작성하여 외국 학술지에 게재한 논문을 한국말로 번역하여 국내 학술지에 게재하는 경우이다. 이 경우 완벽하게 동일한 번역이 아니라 하더라도 전반적인 내용이 유사하고 자료가 동일한 경우에는 자기 표절로 간주한다. 언어가 다르기 때문에 표절을 잡아내는 프로그램에서 적발하지는 못하지만, 해당 연구자가 발표한 논문들의 제목을 살펴보면 어렵지 않게 적발할 수 있다. 한글 제목과 영어 제목이 사실상 동일한 경우, 자기 표절로 의심할 충분한 이유가 되기 때문이다.

저자 선정

제13장에서 설명하였듯이, 복수의 연구자가 하나의 논문을 작성할 때에는 그 공헌도에 따라 저자의 표기 순서를 정해야 한다. 즉 가장 공헌도가 큰 저자는 제1저자, 그다음에는 제2저자 등으로 표기한다. 여기에서 공헌도가 큰 저자는 논문의 많은 부분을 저술하거나, 주된 연구모형을 만들거나, 처음으로 해당 연구의 주제를 제안하는 등의 활동을 한 저자를 의미한다. 논문 쓰기는 복합적인 활동으로 이루어지기 때문에 어떤 경우에는 공헌도가 가장 큰 연구자를 가려내기 힘들 수도 있다. 이 경우에는 합의에 의해 가나다 순으로 저자의 순서를 정하기도 한다.

이때 교신저자는 저자의 순서 선정에서 예외가 된다. 즉 순서에 상관없이 누구든 교신저자가 될 수 있다. 교신저자는, 제13장에서 설명했듯이, 논문을 학술지에 투고하고 심사자의 수정 요청에 대해 주도적으로 논문 수정 과정을 총괄하는 역할을 한다.

저자 선정에서 주의할 점은 조금이라도 논문의 작성에 기여한 연구자는 저자로 포함되어야 하며, 논문의 작성에 기여하지 않은 연구자는 저자로 포함되지 않아야 한다는 단순한 진리이다. 예를 들어 A 연구자가 자료를 제공하여 B 연구자와 함께 논문을 작성했는데 그다음에 B 연구자가 그 자료를 이용하여 단독으로 또 다른 논문을 작성했다면, 그것은 연구 윤리에 어긋나는 일이다. 또한 A 연구자가 B 연구자와 함께 논문을 작성하면서 본 논문에 기여하지 않은 C 연구자를 공동저자로 포함시키는 것도 연구 윤리에 어긋나는 일이다. 더 넓은 의미에서, 공저를 하기로 약속해 놓고 본인의 일을 하지 않은 채 시간을 지체하여 상대에게 부담을 주는 것은 매우 비윤리적인 행동이다. 공저자 사이의 신뢰와 책임 준수는 연구 윤리의 출발점이다. 약속을 지키지 않는 공저자는 피해야 한다.

 전략 30.　약속을 지키지 않는 공저자와 작업하지 않는다.

주제 및 연구방법

학술 논문의 주제 및 연구방법은 윤리적인 방식으로 결정되어야 한다. 예를 들어 마약 거래를 활성화하는 방법을 주제로 논문을 쓰는 것은 비윤리적이라는 것을 상식적으로 알 수 있다. 이렇게 단순한 주제 이외에도 간접적으로 문화적 갈등을 조장하거나 남녀평등을 저해하는 주제 등은 학술 논문의 자격을 갖추지 못한다. 논문의 주제는 인류의 보편적인 가치를 저해하지 않아야 한다.

주제 이외에도 방법론적으로 비윤리적인 논문이 있을 수 있다. 예를 들어 실험의 과정에서 사람의 인권을 침해하거나 동물을 학대하는 방법을 취한다면 그것은 연구

윤리에 위배된다. 즉 실험에 따르는 잠재적 위험에 대해 적절하게 고지하지 않거나 필요 이상으로 과도하게 프라이버시를 침해하는 연구방법 등은 문제가 된다.